大學班級經營

師生關係、常規管理與學習動機

賴光眞　著

五南圖書出版公司 印行

大學教師之「生生」不息

某天近午時分，我和同事一起到學校的「地下餐廳」取用自助餐。夾好菜、結完帳，看到有位還算認識的他系資深老師，於是便在他附近的位置坐下來。

邊吃邊聊的過程中，我的同事說，依據他這些年來的體會，他覺得對大學教師而言，教學是「生活」，研究是「生命」。

聽到這樣的說法，我覺得很新鮮，便好奇地問他此話怎講。他說：「我們在大學服務，因爲教學，學校付我們薪水，讓我們有錢可以支應生活所需，因此教學是『生活』；而做研究，我們可以升等，不會被學校不續聘（那時有所謂「限期升等」的規定），繼續存活下來，所以說，研究是『生命』。」

我頻頻點頭，大讚同事見解獨到。接著，我好奇地追問：「如果說，教學是生活，研究是生命，那服務和輔導呢？」

同事：「嘿嘿！我沒想過。」

我腦筋急速轉了轉，也想發表自己的「眞知灼見」，因此說道：「如果要我說的話，我會說，教學是『生活』，研究是『生產』，因爲可以產出一篇篇的研究論文嘛！至於服務是『生長』，老師有所貢獻的觸角可以向外生長；輔導則是『生命』，透過輔導，師生互動，可以影響彼此的生命。」說完，對自己可以將大學教師教學、研究、服務、輔導四大職責，都冠上個「生」開頭的語詞，比我同事更周延、更厲害，心底不禁得意了起來。

沒想到，坐在附近的某位外系資深老師突然面帶慍色的加入我們的話局。他忿忿的說：「兩位老弟，別說得那麼好聽，什麼生活、生命、生長的！我告訴你們，面對現在的大學生和大學的生態，在大學任教，教學就是『生氣』，研究就是『升等』，搞得不好還會『生病』、『升天』，服務就是『升官』、『生財』，至於輔導，則根本就是我『生疏』不認識的『生字』！」

自序

對於多數大學教師而言，「班級經營」是個陌生的語詞。大學教師會質疑：「我們的職責不就是教學、研究、服務、輔導四大項嗎？幾時又多出了個『班級經營』這玩意兒？」也曾聽到有大學教師說：「班級經營是中小學教師才要講究的吧！這關我們大學教師什麼事！」

大學的教育環境與生態、大學教師的角色與任務、面對的學生以及與學生的互動關係等，必然有不同於中小學的地方，但更多時候，我們似乎更應該思考彼此共通之處。若從這個角度來看，大學教師與中小學教師並沒有本質上的不同，無論在哪一層級任教，都是從事對「人」的教育工作，而且也幾乎都會面對因爲擔任課程教學而形成的班級，以及因爲擔任導師而形成的班級，班級可以說是各級各類教育人員最主要的工作場域。既然班級也是大學教師最主要的工作場域，自然有必要好好思考如何妥善經營這些與自己關係密切、屬於自己本分職責所在的社會團體。

中小學教師經營班級，需要關注的面向與事項非常廣泛多元，大大小小、包羅萬象，大學教師需要關注的則相對簡單許多。不過，因爲教育體制與生態的轉型、社會文化或科技的變遷發展，乃至於某些根本人性因素的影響，大學教師的班級經營從來不會是一件簡單的事。

依個人之見，我認爲大學教師面對任教班級有「一個重要」與「兩個困擾」。就「一個重要」而言，如同經營家庭，最重要的就是經營家庭成員之間的關係，大學教師班級經營的首要重點也應該聚焦在師生互動關係上，透過適當的理念、多元的策略方法，建立正向良善的師生關係，以奠定教學或輔導的基礎。

就「兩個困擾」而言，讓大學教師備感困擾或氣惱的，主要就是學生某些課堂不當行爲，以及學習動機低落這兩件事。前者諸如使用手機、遲到、缺曠、瞌睡、分心旁騖等；後者則是學生態度消極懶散、敷衍被動、得過且過，不願投注應有的學習時間與心力。對於這些困擾問題，大學教師往往猶豫到底要不要介入管理，還是故意視而不見、放牛吃草，陷入舉棋不定的窘境。

從前述「一個重要」與「兩個困擾」所解析出來的「師生關係」、「常規管理」與「學習動機」，即是大學教師班級經營應該特別優先關注的三個課題。這三個課題彼此之間或多或少有些關聯，其共同目標都是指向建立一個溫暖正向、收放有序、積極進取的班級情境，有利教師發揮較大的正向影響力，引領學生獲得良好的潛能發展。這三個課題既然有相當的重要性與挑戰性，大學教師理當有所深思與學習，必要時，甚至應該向中小學教師取經。

我個人出身教育領域，過往擔任過國小教師，後來投身師資培育行列，並且主授課程、教學，以及班級經營等科目，因此對於這些課題有較多理論知識的瞭解，並且得以見聞各級學校教育人員的觀點與實務經驗。更重要的是，無論在小學或大學，除了盡心盡力教學之外，我都頗爲用心在班級經營事務上，有許多親身力行的實踐經驗，這些努力也獲得成效與回響，例如：學生選課時相互探聽，學長姐會推薦學弟妹選修我的課程，每學期期末的教師教學回饋問卷，學生都給我不錯的評價，各科得分多在四點五分以上，且躋身同儕間較前面的位置，而參加服務學校的評審遴選，曾經八度獲得教學優良教師的獎勵。

因爲對大學師生關係、常規管理與學習動機有若干理念與經驗，因此不時應國內許多大學校院教務處、教學資源中心或教師發展中心之邀前往分享，也曾有心理諮商輔導中心邀約，雖然告知對方，我的演講內容主要是針對任教班級，而非導師班級，仍有不少學校認爲所有導師也都會擔任課堂教學，因此還是執意邀請。迄今，我大約去過三、四十所大學，做過四、五十場相關的分享。前些年連續三年應邀擔任北部某一所科技大學教師暑期教育學分的授課教師，以一週五天密集的時間，向該校大學教師上兩學分三十六小時的班級經營課程，內容就是以師生關係、常規管理與學習動機爲主。

鑒於這些課題爲許多大學或大學教師所共同關注，但是目前國內、外似乎未見有專門針對大學教師班級經營所出版的書籍，因此野人獻曝，將我對這三個課題的所思所行集結整理成書，期望能夠更廣泛且更有系統的提供有需要的大學教師參閱。

本書分享的策略或方法技巧，大多數都是我個人從過去到現在，在自己任教的班級課堂上持續實踐的事項，而非打高空、唱高調、掉書袋，把自己做不到、沒有做的事情「推銷」給其他大學教師，叫別人去做。內容雖然會提到某些學理，但這些學理沒有什麼深奧或難以理解之處，無關乎是否爲教育學專業領域出身，也無關乎是否受過課程教材教法或班級經營的培訓，只是「聞道有先後」，但應無「術業有專攻」的問題，有能力擔任大學教師者必定都有能力可以理解。其他諸如性別、年齡、任教學校、任教院系、任教對象等，也通常不成問題。眞正重要的關鍵，在於教師是否能夠「起心動念」，認知並重視班級經營的重要性，並且願意探索、學習與規劃，最後則是進一步付諸行動實踐。

大學教師閱讀本書或多或少可以得到一些啟發，然後再依據自己的理念，斟酌自己的時間、心力，揀選其中部分策略與方法，開始在自己任教的班級實驗試作。若能發揮效用，則保留並持續實施，甚至更進一步可擴展使用其他更多的策略與方法；若不合用，則予以捨棄，改用其他策略與方法繼續試驗即可。這應該是一個有趣的探索實驗歷程，「甘願做，歡喜受」，不要把它當成一件義務或苦差事。

當然，大學的師生關係、常規管理與學習動機等課題有其深層的、結構性的問題根源，無法寄望大學教師採取本書分享的某些策略與方法，就可以獲得全盤性、根本性的改善（如果有那麼容易解決，那就好了，但這是不可能的）。我們無法預知成效能有多大，但是大學教師要在不放棄學生的前提下儘量去做，這樣總比從源頭就消極放棄要來得好。而且經驗顯示，只要有所作爲，多半都可以產生正面效益，讓課堂上的風景漸漸的不一樣，而我們的教學生涯也可以比較愉快、有趣，並且有成就感。

大學是多數人正規教育的最後一哩，大學教師可以試著在這最後一哩，透過若干積極的班級經營作爲，對學生發揮正向的影響力，甚至成爲學生「生命中的貴人」，或者「幫學生改命的貴人」。人生在世，除了利益自己之外，若能有機會利益他人，爲別人造福，這確實是極大的福報，而大學教師則是很有福報機會的一群人——只要願意多做一點點。

本書得以出版，感謝五南圖書出版公司長期鼎力支持教育領域的論著出版，更要特別感謝黃文瓊副總編輯以及編輯部同仁的玉成與協助，在此由衷表達謝意。

賴光真 謹識

目次

第三篇　學習動機

第一篇

師生關係

一位同事曾經對我說：「沒人付薪水要我去喜歡學生，他們只要我去教課。我有義務教，而學生有義務學，就這樣，沒別的！」

我告訴我的同事：「學生不會從他們不喜歡的人身上學東西……」

她叫出聲來：「那只是些廢話！」

我對她說：「那麼，親愛的，妳的教書生涯將會漫長又辛苦。」

（節錄自Rita Pierson於TED發表之「每個孩子都需要一個冠軍寶座」演講）

第一章　師生關係是班級經營的基石

班級是一群人共同組合與互動而形成的社會團體，因此班級經營的重點之一就是經營人際關係。班級牽涉的人際關係十分多元，不過對大學教師而言，所需關注與經營的人際關係較為單純，主要聚焦在師生關係此一面向。

大學教師對於任教的班級，除了努力教學之外，應該投入若干時間、心力經營師生關係。經營師生關係絕不是要教師卑躬屈膝、阿諛奉承般的去刻意討好學生，也不是要大學教師整天與學生膩在一起，濃得化不開。大學教師對師生關係的經營，是在對學生學行表現有所要求，師生之間維持合宜分際的前提下，透過適當的思考與作為，展現對學生的親善與關懷，建立或維繫積極正向的師生互動，促使學生能認同教師，進而有利於教師發揮影響力。也唯有建立與維繫正向良好的師生關係，大學教師才能提升教學成效，讓難得的師生緣分有機會獲得恆久延續，並且踐履大學教師完整的角色職責。

師生關係影響教學成效

幾乎所有大學教師每學期都得擔任若干學科的教學，而且絕大多數大學教師也都重視教學職責，希望自己的教學能夠發揮成效，學生能有所成長。如果想要讓教學發揮成效，通常直覺的會想到要從「教材」與「教法」這兩個層面著手，努力選編最佳的或最適切的課程內容或教材，安排合宜的學習活動，然後透過精心設計的教學流程、方法或媒體等，以引導學生有效的學習。

教材與教法確實是提升教學成效應該努力的兩個層面，但除了教材與教法之外，還有其他某些因素對於教學成效具有潛在但巨大的影響力。這些因素若沒有獲得適當的關注，將會抑制甚至整個抵銷教材與教法層面的努力。

受傷的教科書

先講個「受傷的教科書」的故事。在擔任大學教職之前，我大約有十年左右的時間是在臺灣書店擔任編審。因教科書政策從統編制度改為審定制度，而現已裁撤的臺灣書店，當年主要負責的是中小學國立編譯館統編版本教科書的印製與配發。

教科書改為審定制度、開放民間書商可以編輯出版教科書之後，教科書供應基本上變成一種教育相關的「商務」，書商把教科書當作一門「生意」來做，再加上市場競爭，因此相當講究各式各樣的服務。單就教科書配送到校而言，書商幾乎都會用厚厚的紙箱裝書，在寒暑假、開學之前恭恭敬敬的送達學校。暑假期間常有颱風來襲，有些學校擔心送來的教科書淹水，還要求書商把一箱箱沉重的教科書搬到校舍二、三樓高處堆放，書商都會乖乖照辦。

但是早年統編時代的教科書配發比較像是一件「公務」，而且不以營利為目的，力求壓低各項成本，因此服務品質難以與現在的書商相比。當時的教科書配送，一疊疊二、三十本的教科書或習作，就只用牛皮紙、打包帶綑紮。即使有經驗的員工會教導工讀生緩衝的技巧，但這樣的打包方式仍然會造成每一捆最上面和最底層的兩、三本教科書受到擠壓而產生皺摺。

這一捆捆教科書隨後由得標的貨運公司運送到全臺各校。從倉庫裝卸到卡車的過程中丟上拋下，教科書又經歷一番摔砸撞擊。少數貨運司機素質不好，趕著送貨，就把教科書扔在校門口，要學校自己把書搬進去，自己則開著卡車一溜煙跑了。經過一次次折騰，每學期學校拿到的教科書都會有相當比例是飽經磨難、皺巴巴的「受傷的教科書」。

新學期開始，中小學老師照例把教科書發給學生，可以想見的，部分學生（通常是教室後排的學生）在開學第一天就不開心了，因為他們拿到了皺巴巴的受傷教科書。而以前的師生比較沒有消費者意識，或者抱著多一事不如少一事的心態，拿到這般受傷的教科書，即使不開心，卻也很少會要求更換，就勉為其難的湊合著用。

故事的重點來啦！在臺灣書店服務期間，我偶而會與師專時代、持續待在小學服務的同學故舊聯繫，後來到大學師資培育中心服務之後，因為教學參訪或指導教育實習等緣故，也常與中小學主管或教師有所接觸。對方知道我在臺灣書店服務的背景，曾有好幾位主管或老師，分別在不同時機與場合，不約而同的告訴我一個很奇特的現象，他們發現，有些學生過往某學科的成績表現明明不差，但這學期莫名其妙的一落千丈，究其原因，竟然是因為當學期那位學生「不幸」拿到了受傷的教科書，導致學生對該學科的學習動力與興趣大受影響。如果這個現象只是單一某位老師這樣講，或許只是個案或他的主觀臆測，但是當有多位師長分別都提到同樣的現象時，那就值得警惕了。

學生拿到平整的，抑或是皺巴巴、受傷的教科書，這個我們過往想都沒有想過的因素，竟然會相當普遍且重大的影響學生的學業成就。這個故事給我們一個重要的啟示，若想提升教學的成效，除了教材與教法層面的努力之外，不能不關注、甚至要優先關注那些潛在但具有巨大影響力的微小關鍵因素。

學生不會從他們不喜歡的人身上學東西

在大學課堂上，或許不太會遭遇前述因受傷的教科書而影響教學成效的情事，但是仍然有一些教材教法之外的其他因素，會關鍵性或根本性的影響教師的教學成效，我認為其中最值得大學教師重視的就是師生關係。

師生關係的良窳，或者教師是否能夠受到學生喜愛，至少不會被學生厭惡排斥，會相當根本性的影響教師的教學與學生的學習。曾獲全美優良教師獎的麗塔・皮爾森（Rita Pierson）女士在TED發表一場題目為「每個孩子都需要一個冠軍寶座」（Every kid needs a champion）的演講，演講中一句「學生不會從他們不喜歡的人身上學東西」，引發聽者極大的共鳴。雖然她的教育工作背景是小學，但這個道理同樣適用於包括大學在內的各級學校。

有經驗的大學教師應該會觀察並體認到，我們擔任的某些課程，其學科本質上理論成分濃厚，內容相對艱澀，而且教師的教學安排既不輕鬆，也不有趣，甚至還指派很多作業或者嚴格的考試，但是有些學生仍然願意克服困難，亦步亦趨的跟隨教師學習。何以如此，牽涉的因素雖然很多，但原因之一往往是這些學生喜歡這位老師，因為喜歡這位老師，所以願意投注時間與心力，克服各種困難或障礙，跟隨著教師完成該學科的學習。相對的，有部分學生，他們不知何故，就是不喜歡、甚至厭惡排斥這位老師，而因為他們討厭這位老師，所以即使我們擔任的課程，其學科本質簡單易學，授課安排活潑多元且有趣，但這些學生也未必會樂意跟著我們好好學習。

從這樣的現象，我們即可理解，教材與教法雖然是提升教學成效的重要層面，但師生關係往往是教材與教法要能發揮功效更前置性的重要基礎。因此，大學教師若重視教學，期望發揮或提升教學成效，除了要願意持續投入時間、心力，致力安排適切、妥善的教材與教法之外，同時甚至要更優先的關注如何建立與維繫良好的師生關係。

師生關係影響緣深緣淺

已逝歌手鳳飛飛早年唱過一首老歌〈巧合〉，在茫茫人海中，大學師生因為教學而共聚一堂，實在也是一種巧合、一種緣分。

對於這樣的師生緣分，相信大學教師通常都正向看待，多所珍惜，甚至會期望這樣難得的師生緣分可以延續，不因學期結束即告終止。我不認為會有很多大學老師對任教班級學生抱持「要不是為了養家糊口，我才懶得理你們。這學期我勉強的教，你們愛學不學，悉聽尊便。」或者「學期結束後，你走你的陽關大道，我過我的獨木小橋，我們最好從此老死不相往來。」這樣厭惡排斥的心態。

大學教師珍惜師生緣分，並且期望師生緣分能更恆久的延續，固然應該致力於課程教學，但若僅止於課程教學的努力，並不容易達到這樣的期望。

那些我們難忘的老師

從啟蒙開始，教導過我們的老師不計其數。這些老師中，有些我們已經想不起他們的名字、記不得他們的面孔，甚至忘記曾經被他教過；但是，相對的，也有部分老師讓我們一輩子記得，忘也忘不了。這些讓我們難忘的老師，我們為什麼會記得他們？會記得他們，是記得他們的什麼？

是記得這些老師上課講解的課程內容嗎？絕大多數並非如此。課堂上老師教導的知識概念，除非日後還會有所利用（例如：要參加證照考試），否則考試結束或學期結束後不久，學生通常遺忘殆盡。即使不是真的遺忘殆盡，而是內化成為我們知能經驗的一部分，我們也不太是因為這些知識概念的學習而記得某位老師。

我們會記得的老師，通常是那些對我們學生特別好的老師，我們感念他們一輩子；或者是那些對我們學生特別壞的老師，我們「記恨」他們一輩子。換言之，真正會讓學生長久記得的，通常都是學業之外的師生互動。當然，我們不會樂見自己被學生記恨一輩子，因此若要讓短暫的課堂師生緣分得以恆久維繫，除了課程教學多所努力之外，也應該適當的經營正向良好的師生關係。

老師，一個專有名詞

關於維繫恆久的師生緣分，我要講一個自己經歷的切身故事。

我就讀師專時，因為課堂而與一位葛老師結緣。他在課堂之外，對我有如子女般的特別關照，因此即使老師退休，我畢業離校、任教或服公職，乃至於結婚生子，師生之間仍然一直維持聯繫。

隨著歲月流淌，老師年事漸高，常說自己來日不多，見一次面就少一次。那年暑假打電話給我，希望我暑假找一天到臺中，師生之間能夠再次聚會小敘。當時，我因為在服務的學校兼任教學資源中心某個組長的行政職務，八月將卸任，因此答應老師卸職後找一天南下拜望老師。當日期確定之後，打電話要向老師報告時，電話那頭，老師的女兒卻晴天霹靂的告知老師已在日前夜裡驟然往生、與世長辭的噩耗。

在老師的告別式上，除當年同我一樣備受老師關照的幾位師專學生到場灑淚送老師最後一程外，老師早年在僑光商專擔任導師的一個班級，畢業後每年元旦舉辦同學會，老師幾乎從不缺席，因此也與老師維繫著更長的師生情誼。那班學生攜家帶眷一群三、四十人從各地趕來，班長哭讀祭文，令人動容。而我在當年的教師節，寫了一篇〈老師，一個專有名詞〉的文章紀念老師，這篇文章後來刊登在《講義雜誌》上。

大學教師每學期在課堂上教過的學生，來來去去，論人數往往也頗為可觀，經年累月下來，或許可謂「桃李滿天下」。但是誠如俗諺所說：「相識滿天下，知心有幾人」，對我們大學教師而言，是不是「桃李滿天下，會記得我者沒幾人？」

大學教師若離開人世，大概只在一種情況下，告別式的靈堂前會有學生前來致祭，那就是不幸在任教服務期間過世，當時任教班級或導師班級的學生團體或學生代表會前來「相送」。但若大學教師退休離職相當一段年月之後才故去，能有學生到告別式會場來送最後一程的，恐怕寥寥無幾吧！

而我的老師退休多年，在離世的時候，會有一群二、三十年、甚至三、四十年前教導的學生，來送老師最後一程，哭讀祭文，會有學生寫文章來紀念他，在人情淡薄的現代，這其實是很難得、很罕見的哀榮。而老師有這樣的哀榮，是因為他書教得很好嗎？其實不盡然。老師當年任教英文課程，他的教學內容或方法說不上有什麼特殊獨到之處。他之所以會長久受到學生敬愛，和我們這些學生維繫恆久的師生情誼，是他在當年任教時，乃至於後續的歲月，對我們這些學生、甚至是我們這些學生的配偶子女，持續的給予關懷照顧。

從我與老師的故事可以深刻體認，如果我們珍惜師生之間難得的緣分，希望能與學生維繫較為恆久的師生關係，讓學生長久記得，讓我們的教育生涯能夠展現較為深刻的價值與意義，那麼除了在課程教學方面要多所努力之外，也應該在建立與維繫正向良好的師生關係上多下一些功夫。

老師～一個專有名詞

我的老師，平日尚稱健朗，七月間突然與世長辭，留給我感傷、遺憾與懷念無限。

我和老師的師生緣是將近三十年前負笈臺中、就讀師專時結下的。老師擔任班上英文課程，給我們的第一印象是規矩很多。他要求我們依座號入座，每次英文課前班上都要來場座位大風吹；他規定不可以用漿糊黏貼作業紙，以免引來蟑螂、老鼠啃噬；作業書寫要求工整更是不在話下，還會「當」掉學生。上老師的課緊張又嚴肅，多數同學對他自然沒有太好的風評。

老師課堂外其實有至為和藹可親的一面，但只有少數學生有機會體驗。子女長大各自離家發展後，老師與師母兩老居住學校配發的日式宿舍。偶而有事必須一起外出，嚴謹的他為了不讓家裡唱空城，總會請他「放心」的學生幫忙照料，我就是他找的少數幾位學生之一。去幫忙顧家其實也沒什麼事，我可以念自己的書，但老師回來總是很慎重其事的致謝，經常留我下來吃飯。師母廚藝精湛，一道「紅燒獅子頭」可以做得嫩如豆腐，入口即化，堪稱絕世名菜，老師便常交代師母做給我品嚐；有時不能留我吃飯，老師還會塞錢讓我自己去看電影。

師專畢業前，老師便已屆齡退休，我可以說是老師的關門弟子。退休後的老師不再兼課，與師母過著澹泊的家居生活。他常希望畢業後的我有空能去家裡坐坐，而我為了任教、服役、公職、進修學位等奔忙，難得成行，只有在重要節日給老師寫寫信或打打電話。他說我平常在臺北忙，沒法常常到臺中，不如他到臺北來和我聚餐。有一回他因事北上，真的便在臺北訂餐廳請我吃飯。結婚之後，每年春節他更要我帶老婆、小孩到臺中家裡聚餐，給我看他創作的春聯，與我把酒話家常。他叫得出我每個小孩的名字，並且發給他們壓歲錢。有兩年，我因遭逢父喪及有其他事情，沒能到老師家拜年，老師還託人將要給小孩的壓歲錢帶給我。就是這樣，從學生時代一直到成家，從我連同到妻兒，年復一年，持續受著老師的關懷恩澤。

老師平日重視養身，持續運動保健，不過畢竟歲月不饒人，近年更因學校強制收回宿舍，為搬遷住所之事耗費心神，兩老也曾接續跌跤受傷。雖然每回聚餐，我與老師小酌依舊，但漸漸換成是去外面餐廳吃飯，師母不再能主廚，懷念的「紅燒獅子頭」不復為盤中飧。對照歷來的合照，明顯可見老師與師母日趨蒼老，不若當年，但拙詞的我卻也不知能說些什麼、做些什麼。

七月中旬，老師來電問我暑假是否有空到臺中聚一聚，電話中總說他年事已高，「來日無多」，能聚會一次是一次。我答應老師八月間卸下行政兼職、東吳放連假時，找一天去拜望老師。南下的日期，還有要帶的禮物還在盤桓思量，待確定後，要跟老師報告，電話裡竟傳來老師已在日前夜裡驟然往生的噩耗，晴天霹靂，頓時全身冷顫，腦筋一片空白。不是才說要我暑假找一天到家裡去玩嗎？怎麼還沒等到這一天，他老人家就走了……。

告別式當天，除了親友故舊之外，來最多的是老師的學生。老師來臺灣落腳臺中後，先後曾任二中、逢甲、僑光、師專等校教職，教過的學生無數。在僑光擔任導師的一個班級，三十幾年來每年固定元旦當天開同學會，老師幾乎每年都偕師母出席。該班學生攜家帶眷一群三四十人從各地紛紛趕來，班長哭讀祭文，令人動容。我給老師上香、瞻仰最後遺容時，止不住眼淚決堤。

我希望老師能夠原諒我的怠慢，原諒我這些年總托詞事忙，以致這次竟然不能如老師所願見最後一面。

送完老師最後一程，車行經過老師以前住的宿舍。故居並沒有如學校先前所說的拆除，據說是保留下來要設置為一位畫家老師的紀念館。故居無恙，人事已非。裡面曾經有許多年少時代迄今我與老師餐敘言談的往事記憶，如今只能長留心海深處，以後也不會再有。

由臺中回臺北的途中，我忽然意識到，成長過程中我曾受教於眾多的老師，這世上銜有「老師」稱號者，更是不計其數。但是「老師」這個原本泛指一類、一群人的普通名詞，在我心中卻早已變成一個專有名詞，只專門指稱我的這位老師。當我說「老師」時，我的家人、朋友莫不知道我說的是誰，不會做第二人想。像這樣原本是普通名詞，結果會演變成專有名詞的，必定是我們至親至愛的對象，最典型的相同例子大概就是「父母」吧！原來，我的老師在我的生命中，不知不覺已經等同於父母那般的崇高重要了。

老師離開後第一個教師節，第一個沒有老師的教師節，謹寫下這樣的心情，感念與追憶我的老師。

（刊登於《講義雜誌》第五十三卷六期，二〇一三年九月）

優先關心周遭學生

有些大學教師會將關注焦點放在校外，例如：關心臺灣社會的弱勢族群、政治社會議題，甚至將觸角伸展到更廣、更遠的世界其他角落，有機會即奔赴遠地，服務那些素昧平生的陌生人。這樣的視野與抱負當然值得肯定。不過，其實在大學教師平時的課堂教室裡，也有一群人，他們雖然不像落後地區的人民那樣悲慘，但是他們卻也有需要關心、提攜之處。

大學教師抱持「本地觀」抑或「世界觀」，無所謂的孰是孰非；儒家講究親疏遠近有別的仁愛，墨家講究一視同仁的兼愛，也各有主張。不過，我們教室裡的那群大學生，他們是我們可以成為大學教師的重要原因與存在，大學教師若置之不理、棄之不顧，不給予他們多一些深耕培育，反而一味去蜻蜓點水般的關心天涯海角的其他人，這樣是否適切合宜，是一件很值得省思的問題。因此，無論是否關懷臺灣或世界其他角落的人們或議題，大學教師實在應該同時、甚至應該更優先的關照身邊這群有緣共聚一堂的學生，優先去「渡」這些有緣人，而且不能只因一時片刻看起來不受渡，就很快的認定他們是佛也無法渡的無緣者。

師生關係有助踐履完整角色職責

關於教師的角色與職責，我們習慣引用韓愈〈師說〉所提的「傳道」、「授業」與「解惑」。麥克奇（W. J. McKeachie）等人歸納大學教師應扮演包括：「學問上的專家」、「學習的引導者」、「社會化的助成者」、「成長的輔助者」、「價值的統合者」、「人格的陶冶者」等六項主要角色。而現今的大學教師則被賦予「教學」、「研究」、「服務」、「輔導」四大職責。無論哪一種說法，都突顯大學教師角色職責的多元性。一位大學教師應該善盡這些角色與職責，方能稱得上是完整的大學教師。

大學教師vs.研究員

大學教師經常糾結於教學與研究兩項任務之間，我們也普遍知道，大學或大學教師常被批評有重研究、輕教學的現象。

如果被問一個問題：「你比較喜歡被人稱呼是某某『老師』？還是某某『研究員』？」不知作為讀者的大學教師會如何回答？大學的教師以及研究機構的研究員都值得尊重，在本質或地位上沒有高低貴賤的分別，但我在一些演講場合，詢問大學老師對這個問題的意見，結果頗為一致，超過九成五以上的大學教師都比較喜歡人家稱他是大學老師，而不喜歡人家稱他是研究員。如果今天有人衝著大學教師喊「某某研究員」，大多數大學教師心裡一定不舒服，甚至感覺受到羞辱，要生氣罵人。為什麼大學教師會偏好被稱為大學老師，而不喜歡被稱為研究員，一方面因為自己本來就不是研究機構的研究員，另一方面是被稱為研究員，感覺起來似乎將我們的職能給縮小窄化了。

接續前面那道問題，再來一道類似數學減法的簡答題，請問：「大學裡的教師，減去研究機構的研究員，等於什麼？」換言之，就是大學教師和研究機構研究員之間有何差異？我預設的答案是「教學、輔導」。研究機構的研究員自有其學術角色，但其職責較為單純，做好研究工作通常即已足夠。研究員或許也會從事某些服務工作，教學則頂多是部分時間的兼任，至於學生輔導通常不在其本分職責之列。但是大學教師若喜歡被稱為大學教師，喜歡頂著大學教師的光環，領著大學教師的頭銜，要對得起這樣的光環與頭銜，那麼就應該展現出大學教師不同於研究員之處；具體言之，就是要充分實踐自己在教學、輔導方面的職責。

從事研究以及發表研究論文，是大學教師職責的一部分，但不應該是全部。當今的大學教育環境，由於學校致力在各項國際大學評比排名中能夠躋身一席之地，或者大學教師基於個人利益，因此教師的時間、心力，主動的或被動的，往往向研究傾斜，抱持著努力做研究、發表論文，教學則應付了事、過得去就好的心理。即使教育部祭出教學卓越計畫、高教深耕計畫、教學升等之類的措施，也難以改變這樣的現象。

大學教師執行的研究或發表的論文，某些確實對學術、對經世致用或福國利民有著莫大的價值與貢獻，但可能有更多數（八二法則？）其實只是「為研究而研究」。更具體一點來說，就其樣態而論，其實只是「生產論文」而非「做學問」；就其結果而論，只是累積個人學術績效、成就個人升等與升遷。至於要說對國計民生或學術發展有何助益，恐怕要打大大的問號。我還聽過一種頗為戲謔的說法，指說國家提供經費補助給大學教師做研究，很重要的目的之一是讓知識分子有事可以做，不會閒來無事、管東管西、起來造反，跟執政者作對。

在教育領域我也發表過若干學術論文，我常自嘲這些論文最大的外在功能就是「給研究生抄」；換言之，就是給相近領域或主題的碩博士研究生在寫論文時作為文獻引用，除此之外，不曾聽說真正影響了什麼教育思想、政策或措施。更不幸的，我還發現，有些研究生（甚至是學者）「抄還抄錯」，觀其引用，根本就誤解了我的意思。

雖然此處對大學教師從事研究多有省思、評論，但並無貶抑之意，只是想強調大學教師不應該只在乎自己的研究，滿腦子「只想到自己」，對於教學、輔導則是敷衍了事、得過且過，把學生的權益與福祉視為無物。否則，真的就是對不起大學教師這樣的頭銜了。

教育愛

大學教師要不同且超越於研究員，稱得上是一位完整的大學教師，必須善盡「教學」與「輔導」兩項角色職責。這兩項角色職責有一個共同的特質，就是對象都是學生，因此大學教師必須要樂意與學生有社會互動。談到社會，就會聯想到文化學派教育學者斯普朗格（E. Spranger）所提出的六種人格類型，以及這些人格類型所追求的理想價值。這六種人格類型及其追求的理想價值，分別是：宗教型，追求「聖」；政治型，追求「權」；經濟型，追求「利」；社會型，追求「愛」；理論型，追求「真」；審美型，追求「美」。

在這六種人格類型或理想價值中，教師通常被認為應歸屬於「社會型」，主要是追求「愛」這種理想價值。對於大學教師而言，可能分為兩個面向：在研究、部分的教學（主要是內容層面）面向應該屬於理論型，所追求的理想價值為「真」；至於教學（主要是互動過程層面）、輔導、服務等面向應該屬於社會型，所追求的理想價值為「愛」。由此可見，所謂的「教育愛」，並非只有對中小學教師而言，大學教師同樣也應該實踐教育愛。

廣義的教育愛包含四個面向，必須要能「教師愛教學」、「學生愛學習」，以及「教師愛學生」、「學生愛教師」。基於此，大學教師不但要熱愛教學，帶動學生樂於學習，同時也要適當的經營正向良好的師生關係，相互尊重、彼此喜愛，進而提升教學與輔導的成效，這間接也將攸關大學教師能否善盡完整的角色職責，無愧於大學教師這樣的光環與頭銜。

第二章　大學師生關係經營困境與對策

第一章主要用意在於激發大學教師正視師生關係重要性的意識，進而建立積極經營正向良好師生關係的意願與熱忱。

不過，大學教師要建立或維繫良好的師生關係，卻也面臨諸多不利的主客觀環境或因素，使師生關係經營遭遇頗大的困境。面對這些困境，必須思索可行的對策，以尋求解決或突破。

大學師生關係經營的困境

大學的班級有若干特性，師生互動也有若干常態，這些特性或常態導致某些師生關係經營的要件不可或不易獲得，進而造成大學教師在經營任教班級師生關係時遭遇到困境。

大學班級特性

相對於中小學，大學的班級存在「多樣且變動的學生組合」及「結構鬆散」等特性。

第一，多樣且變動的學生組合。多數小學級任教師面對單一固定的班級、同樣一群的學生；中學教師雖然會擔任多個班級的教學，必須面對不同班級的學生，但通常會延續教導多個學期。然而，大學教師每學期擔任四到五門課程，面對的就是四到五個不同的班級，每換一個學期或學年，任教班級又是另外一群學生。相對於中小學較為單一、固定且長久的學生對象，大學教師面對多樣且變動的學生組合，在師生關係經營上自然相對較為不易。

第二，結構鬆散。中小學的班級因為成員固定，加上從上午七、八點鐘到下午四、五點鐘都共同生活與學習，因此容易形成具有高度內聚力、緊密互動的團體，也因此通常會建立較為正式的組織結構，最明顯的就是會選任班級幹部，這些幹部若適切發揮功能，通常能輔助教師經營師生關係。但是，大學課堂的學生上課即來，下課就走，成員共處互動的時間有限，凝聚力相對薄弱鬆散。雖然少數教師會在任教班級選派特定學生，或者配置有助教或教學助理，協助自己處理課堂事務，但是多數教師不會選派或者獲得配置，即使選派或獲得配置，他們能扮演的角色或能發揮的功能頗為有限，常有「幹部難為」或「助理難為」的無力感，相對也較難輔助教師經營良好的師生關係。

大學師生互動常態

大學師生互動方面存在著「聚少離多」、「心理疏離」，甚至是「價值觀念或利害衝突對立」等常態，也是大學教師經營師生關係遭遇困境的重要原因。

第一，聚少離多。小學教師與學生可謂朝夕相處，中學教師即使一週只會擔任科任班級學生的一、兩堂課，但是校園相對較小，碰面的機會也還是較多。大學教師能與任教班級學生見面的機會，基本上就僅限於每個星期排課的那兩個鐘頭。即使在排課時段，師生共聚一堂，但該時段要以授課為主，教師無法也不宜撥出太多時間來經營師生關係；而下課之後各自鳥獸散，校園廣大，在非課堂時間要能碰面，機會十分有限，因此，聚少離多乃是大學師生之間互動的常態。

第二，心理疏離。一般人僅在幼兒期、兒童期，也就是約莫在小學中高年級之前，會把教師視為是重要的人際對象，每天回到家，對家長或照顧者提到「老師說……」、「老師說……」。而從青少年期開始，學生的人際對象從成人轉向同儕，刻意與父母、師長保持距離，出現心理疏離現象。這種心理疏離現象延續至大學階段，青年期的大學生同樣還是傾向重視同儕關係，鮮少會有意願與大學教師建立較密切的互動關係。部分教師期望與學生建立所謂「亦師亦友」的關係，往往只是教師自己一廂情願的想法。如果以帶有強制性的方式要求學生來與自己互動，反而會讓學生認為是找麻煩，引發忿恨與反彈。由此可見，心理疏離乃是大學師生互動常見的樣態。

第三，價值觀念或利害衝突對立。大學師生關係雖然疏離冷漠，但是基於教學任務，師生還是必得有所互動。但在互動過程中，雙方可能因為價值觀念或利害關係，而產生衝突對立。例如：教師過於主觀，錯估學生的意願或能力，安排較為嚴格、嚴謹的課業，要求較高水準的學習產出或表現，但是學生無法體會或不願接納教師的苦心孤詣，負面看待教師各項的課業要求，忿恨咒罵，並且敷衍應付，繳交與教師期待落差甚鉅的學習成果，又引發教師惱怒不悅，師生之間價值觀念之歧異，可見一斑。再者，大學教師免不了要評定學生的學習成績，影響學生分數高低或能否取得學分，但師生雙方對成績評定的認知往往出現落差，學生對教師的成績評定感到不滿，甚至提出申訴，師生之間即因此產生了利害衝突，讓師生關係經營更是雪上加霜。

當然，大學師生互動較為疏離冷漠，也不完全歸責於學生。少數大學教師不願意與學生接觸、接近，不願花費時間、心力在學生身上，甚至打從心底蔑視或嫌惡自己面對的學生。這樣的大學教師在有意無意中都會流露出對學生的消極負面態度，學生也會有所感知，那麼就如《孟子・離婁下》所言：「君之視臣如手足，則臣視君如腹心；君之視臣如犬馬，則臣視君如國人；君之視臣如土芥，則臣視君如寇讎」，師生之間關係疏離冷漠與衝突對立，就不難想見了。

三項「不可得」困境

由於大學班級具有「多樣且變動的學生組合」及「結構鬆散」等特性，師生互動存在「聚少離多」、「心理疏離」及「價值觀念或利害衝突對立」等常態，大學教師在師生關係經營上將面臨三項要件不可或不易獲得的困境。

第一，實體互動不可得。大學師生聚少離多，師生之間相對疏離冷漠，僅有的課堂猶感不足，不易撥出時間來經營師生關係；即使在課堂之外安排所謂的課業輔導時間（office hour），教師研究室大門敞開，也鮮少有學生會登三寶殿。因此，大學師生之間能面對面實體互動的時間和空間十分有限，師生關係經營面臨「實體互動不可得」的困境。

第二，學生協助不可得。大學班級結構鬆散，通常沒有班級幹部的編制，即使選派有班級幹部或配置助教或教學助理，往往也難有作為，不易發揮功能。大學教師無法借助學生的力量幫助自己經營師生關係，面臨「學生協助不可得」的困境。

第三，雙向交流不可得。大學師生互動以疏離冷漠為常態，學生不願親近教師，互動意願低落，漠視教師的各項作為，大學教師往往有「剃頭擔子一頭熱」、「肉包子打狗，有去無回」的感覺，師生關係經營面臨「雙向交流不可得」的困境。

大學師生關係經營困境的對策

面對實體互動不可得、學生協助不可得、雙向交流不可得等師生關係經營困境，大學教師若不想兩手一攤，簡單一句「那就算了」、「我也沒辦法」，或者消極的說：「唉！大學嘛！大學不就是這麼一回事嗎？」就讓它過去了，那麼在技窮放棄之前，還是可以嘗試尋求可能的解決對策。

逆向思考求對策

所謂「窮則變，變則通」、「山不轉路轉，路不轉人轉」，或者如西諺所云「上帝關了這道門，會為我們開啟另扇窗」，面對師生關係經營的種種困境，大學教師可以考慮採取「逆向思考」的方式來尋覓解決對策。

第一，既然「實體互動不可得」，其逆向思考便是考慮「虛擬化」；具體言之，就是透過虛擬的管道或方式，例如：善用網路教學平臺或者成立線上社群，來突破師生實體互動時間與空間有限的困境，藉此來輔助大學教師建立與維繫師生關係。

第二，既然「學生協助不可得」，其逆向思考便是「教師自助」；具體言之，就是不需要寄望或仰賴學生協助，轉而思考如何靠大學教師自身一己之力來經營師生關係。

第三，既然「雙向交流不可得」，其逆向思考便是「單向發動或傳送」；具體言之，就是不要因為學生對教師的師生關係經營作為無所回應，因此就連教師這一端應該有的或可以有的作為也都全給拋棄了，教師還是可以維持單向的積極主動性，不放棄的經常發動師生關係經營作為。

運用「虛擬化」、「教師自助」以及「單向發動或傳送」等對策，來解決前述實體互動、學生協助、雙向交流不可得的困境，相信解決大學師生關係經營困境即可露出一線曙光。

後續的章節

「虛擬化」、「教師自助」及「單向發動或傳送」等對策只是一種大的概念方向，本篇後續章節將依循這些概念方向，進一步提出大學教師建立或維繫良好師生關係可以參考採行的具體方法。

這些章節綜合運用「虛擬化」、「教師自助」及「單向傳送」等對策，未必是個別的對應。不過，第三章特別聚焦「虛擬化」對策，提出大學教師「善用教學平臺或線上社群」來輔助師生關係經營。至於第四章到第九章，則提出大學教師自身可以積極主動施展的經營作為，包括：「蒐集閱讀學生資料」、「提問表單與加值性批閱回饋」、「卡片傳情意」、「老師的N封信」、「返老還童溫舊夢」、「日常關懷與親善活動」等，這些方法可以在實體場合及虛擬情境中彈性兼用。而且這些方法不會互斥，大學教師可以依據自己所處的教學情境及個人的意願或能力，選用或兼用其中一種或多種。

值得說明的是，這些方法都不是要大學教師做什麼轟轟烈烈、驚天動地的大事，反而都是一些簡易可行的小事，訴求在不占用大學教師太多時間與心力、不增添太多額外負擔的前提下，能夠實際加以運用。更特別的是，為了避免淪為打高空、唱高調，說得到卻做不到，自己不做而只是慫恿別人去做，因此後續章節所提出的方法，絕大多數都是我本身過去曾經實施，而且大多數也是目前仍持續實踐的方法。唯有如此，才敢野人獻曝。

而這樣的聲明也傳遞一個訊息，那就是連我這樣平凡的人都可以長期實踐，學養與能力不在我之下的諸位大學教師，「有心就有願，有願就有力」，必當可以做得到，而且做得比我更好。

第三章　善用教學平臺或線上社群

經常直接面對面實體互動，對於任何一種人際關係的經營都至關重要。若無法如此，要建立或維繫良好的人際關係，雖然並非絕對不可能，但難度極高，甚至經常淪為侈言。早期入伍當兵的役男遭逢「兵變」，開放大陸經商之後臺商「包二奶」、「養小三」，乃至於遠距離戀愛不易之類的事例，在在說明此一道理。

師生關係也是一樣。因此，大學教師應該在課堂上課時段以及額外開闢的課業輔導時間，盡可能的能與任教班級學生有較多直接面對面的實體互動。然而誠如第二章所述，大學教師經常面臨實體互動不可得的困境，因此有必要退而求其次，採取虛擬化的方式，透過教學平臺或線上社群來彌補與學生實體互動機會之不足。

選擇與命名

善用教學平臺或線上社群輔助師生關係之經營，首要之務是要選擇擬用的平臺或社群。如果可能，還可以為選定的平臺或社群，取一個吸引人的好名字。

選擇平臺或社群

可供大學教師選擇運用的平臺或社群非常多，只要能夠提供資訊功能與互動功能者，都可以列入考量。依其屬性區分，大致可分為兩類。

第一類的屬性偏向教學平臺，例如：教師架設的個人教學網頁，學校以諸如Moodle自由軟體開發，或者是向業界購買，提供或規定教師必須使用的網路教學平臺等。第二類的屬性偏向線上社群，例如：過往的雅虎奇摩家族、部落格、無名小站，以及晚近的臉書（facebook）、LINE群組等。

第一類教學平臺以課程教學為主、人際互動為輔，通常由教師（或者助教、教學助理）主導與管理。第二類的線上社群則以人際互動為主、課程教學為輔，經營管理可以由教師、助教、教學助理主導，也可以委由任教班級學生建置，教師再加入之。兩類平臺或社群各有利弊，教師依據自己的需求或偏好選擇即可。對多數大學教師而言，可以優先考慮選用第一類的教學平臺。

長期以來，我頗為習慣使用教學平臺或線上社群來輔助經營師生關係，前述兩類平臺或社群都有使用經驗。最早的時候，擔任政治大學教育學分班的兼任講師，因為只是兼任，且彼時尚未推廣使用網路輔助教學平臺，在學員的推薦下，我使用的是當時蔚為風潮的雅虎奇摩家族系統。

到東吳大學擔任專任教師之後，初期還是延續使用雅虎奇摩家族。後來，因應教育部教學卓越計畫，學校建置教師教學網頁，要求教師教材上網，因此我就改用該教學網頁。不久後，東吳整合教師教學相關平臺，要求教師轉移到向業者採購建置的「東吳大學網路學園」，其後又轉移至學校自行開發的「Moodle數位學習平臺」，宛如隨波逐流一般，我陸陸續續使用不同的教學平臺輔助課堂師生關係經營，直至今日。最近，學校預告要將線上數位學習平臺整併轉移至「TronClass行動化數位學習平臺」，經營空間也將再次隨之轉移。

除了早期使用的雅虎奇摩家族之外，無論使用教師教學網頁、東吳大學網路學園、Moodle數位學習平臺，或未來的TronClass行動化數位學習平臺，我都保持以課程教學為主、師生關係經營為輔的原則，平臺上以提供課程教材、教學資訊、評量練習或作業繳交為主，只是我會突破課程教學的侷限，進一步善用這些平臺所提供的公告、留言與傳訊功能，輔助自己經營師生關係，如此即已足夠，不太需要使用到臉書或LINE群組。

取個好名字

教師選定教學平臺或線上社群之後，如果該平臺或社群允許自訂或更改名稱，最好能為此平臺或社群取個吸引人的好名字。如果平臺或社群名稱只是呈現教師姓名，例如：「賴光真老師的教學網站」，或者只是呈現學科名稱，例如：「課程發展與設計」或「課程發展與設計教學網頁」，雖然並非不可，但總覺得少了一點什麼。

我使用過的教學平臺或線上社群，雅虎奇摩家族以及東吳早期的教師教學網頁，會要求或允許使用者自訂名稱，而我都努力想些特別的好名字。

在政大教育學分班兼課時所使用的雅虎奇摩家族，我取名為「醉夢溪畔」。政大出身的人都知道有一條無名小溪流經政大校園，不知從何時開始，人們把它命名為醉夢溪，平添無限的詩情畫意，因此我當時就把為政大教育學分班授課班級所建立的雅虎奇摩家族，取名為「醉夢溪畔」。

到東吳大學任教之初，持續使用雅虎奇摩家族。當時每學期通常擔任五門課程，我即針對每一門課分別建置一個家族，家族名稱則分別取名為「希奇布丁家族」、「小希家族」、「小奇家族」、「小布家族」、「小丁家族」。「希奇布丁」是我陪年幼子女畫畫玩耍時，偶興之下所發想出來的兄弟姊妹四人一組的小人物，分別取名小希、小奇、小布、小丁（注意到沒？希奇裡面含有布丁），後來被我援引，拿來作為東吳授課班級雅虎奇摩家族的名稱。

後來，學校要求教師使用教師教學網頁，授課教師所有任教學科都建置在教師名下，我無須也無法為每一門任教科目分別建置互動平臺，但該教學網頁允許教師更改名稱，因此我延續使用先前在雅虎奇摩家族使用的名稱之一，將教學網頁取名為「希奇布丁工作坊」。

花一點心思，幫平臺或社群取個特別的好名字，雖然看似一件小事，但是巧思設計的名稱一定比「某某某老師的教學網站」、「某某課程的教學網頁」這類陽春無奇的名稱強得多，會讓學生或參觀者眼睛為之一亮，也會讓人感受到大學教師經營平臺或社群的用心。

經營與運用

教學平臺或線上社群選定或命名完成，其後更重要的是要積極用心的經營與運用，使其發揮效益。經營與運用必須思考如何將學生匯入或加入，帶動學生關注，以及掌握多元時機張貼訊息，與學生取得互動聯繫。

學生匯入或加入

教師建置的教學平臺或社群人氣越旺越好，理想上應該是全部修課學生都能加入。大學教師若使用學校規定使用的教學網頁或平臺，選課學生會被教務行政系統匯入，自然而然成為該教學網頁或平臺的學生成員。若使用其他平臺或社群，則必須設法讓學生加入。

為求所有學生都能加入，通常必須採取強制方式才比較容易達到此目標。但是若加入平臺或社群並非課程教學所必需，並非學生的義務，那麼採取強制方式，或者把加入與否或參與情形，相當程度的與課業成績綁在一起，容易造成學生的抗拒或反感，反而會與原初想要藉此經營良好師生關係的本意背道而馳。因此，最好還是採取邀請方式，歡迎學生加入。

以課程教學運作帶動關注

在不宜強制的情況下，為力求提升學生加入的意願，或者即使學生會被自動匯入，但為求提高學生關注的程度，大學教師可以採取一些形式上非強制、但頗具實質強制效果的做法。

具體的做法就是將課程教學運作建置於這個平臺或社群上，例如：放置教學講義、影片、投影片、考古試題、作業範例，或者其他補充材料、資源連結等；透過平臺或社群發布考試公告、作業繳交訊息等；在平臺或社群上設定討論板、課業問答、建置評量試卷、安排作業繳交空間等。若可能，甚至可以在平臺或社群上處理班級行政事宜，例如：表決某些課務議案等。

除了將課程教學運作建置於平臺或社群上，教師亦可提供與課程教學非直接相關，但屬於學生關注或者感興趣的其他資料或資訊。例如：學生未來必須參加某項證照或資格考試，或者即將要畢業、就業，教師可以在平臺或社群中提供考試或就業相關資料或資訊；又例如：學生修讀的學科與社會動態密切相關，教師可以在上面提供時事新聞。此外，教師可以適度的提供一些勵志性或休閒娛樂性的圖文、影片，讓平臺或社群兼具教育、資訊、傳播、休閒等多元功能。

透過前述的處理，學生為了要獲取課程相關教材與資訊、參與作業或討論活動、完成學習評量，或者意識到平臺或社群經常會有他們關注或者感興趣的資料或訊息，勢必會積極加入，並經常登入。若能如此，就會讓教師有較多的機會利用此平臺或社群，達到輔助師生關係經營的目標。

在平臺或社群上提供教材、資料或資訊，應該不斷更新，讓學生覺得每次進入平臺或社群都有新的內容。部分大學教師會在學期開始之前或開始之初，將整學期的教材、資料或資訊全部上傳並建置完成。此種方式相對簡便省事，不過應該使用隱藏功能，暫時加以隱藏，其後再依循進度或選擇適當時機陸續開放呈現。如果學期初一次全部揭露整學期的教材、資料或資訊，學生第一次進來看到這些內容，第二次進來還是一樣內容，第三次也仍然還是一樣，久而久之，缺乏新鮮感，或者感覺沒有必要，就不太會再進入並使用此一平臺或社群了。

掌握多元時機張貼訊息

教師使用教學平臺或線上社群來輔助經營師生關係，最典型的做法就是掌握多元時機，透過平臺或社群的訊息張貼及信函發送功能，適時的傳送非關課程教學而係屬於師生人際關係經營的訊息，更頻繁、更主動的與學生保持連結，傳遞對於學生課業、生活、生涯或生命的關懷，表達對學生的叮嚀與問候。

所謂掌握多元時機，以我個人的運用經驗為例，學生準備期中考試或期末考試通常是緊張而辛苦的，因此我習慣性的會在期中考、期末考前一週的某一天，透過教學平臺張貼一則訊息，為學生加油打氣，並祝福他們能夠獲取高分佳績（不是祝福他們只求低空掠過的all pass）。

在季節交替或者天候突然改變時張貼一則訊息，叮嚀學生注意天候及身體保健，留意衣著的增減。特別提醒他們上學寧可多穿、多帶一件衣服，千萬不要偷懶、嫌麻煩，萬一天冷卻沒有衣服可以添加，導致自己傷風感冒，備受身體不適的煎熬，受罪好幾天。新冠肺炎疫情流行期間，則張貼訊息叮嚀學生加強個人衛生與防護。

逢年過節當然也是經營師生關係的好時機。舉凡新曆元旦、農曆春節、端午、中秋、耶誕等重要節日，透過教學平臺張貼訊息，向學生賀歲賀節，自然不在話下。

甚至就連父親節、母親節及教師節，我也會透過教學平臺張貼節日祝福訊息。雖然學生已經為人父母者不多，但該則訊息的用詞比較特別，會寫「祝福已為人父的同學，以及各位同學的父親，父親佳節快樂」，或者「祝福已為人母的同學，以及各位同學的母親，母親佳節快樂」，主要還是間接祝福學生的父母親，有點愛屋及烏的味道。

教師節到了，照理來說應該是學生向我這個老師賀節才對，但是我任教的對象是師資生，有少數已經在學校任教，來大學修教育學程以期取得教師證書，祝其教師節快樂自是合宜；至於其他師資生，我則把他們視為是「未來的老師」，因此用「祝福各位『準』老師，教師節快樂」之用語，來向他們賀節。

寒暑假開始之初，透過教學平臺張貼訊息，除祝福學生長假期間能夠平安、愉快，也提醒學生注意交通、打工或休閒活動的安全，或者不忘撥出時間充實自己。

許多中小學教師，特別是接手一個新班級的教師，在開學之前會寫一封信寄給家長與學生，表達歡喜結緣之意，並且預先說明若干重要事項。這幾年，我也開始仿效這樣的做法，在學期開學之前透過教學平臺，對選課學生張貼一則Back to school的訊息，一方面歡迎學生結束漫長的寒暑假，重新回到學校開始嶄新一學期的學習歷程，也歡迎學生選修我的課程；另外告知學生如果他們確定要選修這門課，我在第一週上課時會有重要的規定事項要宣達，要發放教材講義，會實施點名，同時也可能開始正式上課，因此請學生務必出席，不要缺曠，若無法到課請預先請假。這樣的訊息傳送給學生，頗能矯正大學生普遍存在學期前幾週、加退選尚未結束之前，不認為需要正常到課的陋習。實施多年下來，課程第一週的出席狀況都非常良好。

從前述的實施經驗觀之，透過教學平臺或線上社群張貼訊息以維繫師生互動的時機十分多元，除了前面所提之外，大學教師甚至可以自己構思、創設一些其他名目，不愁找不到時機與理由，可以說「只要你願意，時機多得是」。

此外，某些時機通常不會落在學期中（例如：農曆春節、父親節，或者某些年的中秋節，或者特殊機遇事件），但只要教學平臺或線上社群仍然保持可用狀態，即使學期結束，處在寒暑假期間，大學教師也仍然可以張貼想傳遞的訊息。

同步傳送電子郵件

使用教學平臺張貼師生關係經營相關訊息，通常都可以使用電子郵件或簡訊等傳訊功能，將張貼的訊息同步傳送給學生，讓訊息更具可及性與能見度。

電子郵件是一項了不起且具有卓越貢獻的偉大發明。過往教師若要在課堂之外傳遞訊息給學生，不但費事、費工，甚至經常不可行。但是有了電子郵件，教師使用特定的平臺，或者學期初蒐集彙整學生的電子郵件信箱資料，只要寫好信件內容與標題，插入所需的圖片，或者夾帶所需的檔案，按個按鍵，就可以不用花半毛錢，在幾秒鐘之內，將訊息傳送給所有學生。這麼偉大的發明，教師應該善加運用。

值得注意的是，自從臉書、LINE風行之後，現在的學生使用與收發電子郵件的頻率相對較少。在此情況下，大學教師應該在課堂及授課計畫上明確告知學生，教師會不定期透過教學平臺公告課業、考試、作業等重要訊息，並且同步透過電子郵件將公告的訊息寄給學生，請學生務必注意，避免漏失或者未能及時收悉，導致「後知後覺」或「不知不覺」。在這樣的提示下，學生通常就會經常注意電子郵件信箱，也因此能夠及時接收到包含師生關係經營的相關信函。

教學平臺通常會預設學校派發給學生的電子郵件信箱（多以學號為帳號），但很多學生並不會使用，因此要提醒學生將學校教學平臺上預設的電子郵件信箱改為自己平常慣用的信箱，或者把學校的電子郵件信箱加到常用信箱，成為該信箱收取的外部信來源之一。

分寸拿捏

教師善用教學平臺或線上社群張貼師生關係經營相關訊息，乃至於同步發送電子郵件，是一種簡便而有效的師生關係經營方法。不過，使用頻率也應適度拿捏，不要過於頻繁浮濫，例如：切忌把收到的電子郵件或訊息隨手轉寄、群發給他人，或者每天張貼早安圖等。

對於大學教師而言，頻繁浮濫的張貼發送訊息會有下列弊病：第一，花費太多時間、心力耽溺在這類事務上，導致排擠課程教學或者研究事務。第二，淹沒在過多的訊息或郵件中，學生反而無法有效接收或意識到重要訊息。第三，變成像是垃圾訊息與郵件，學生感覺受到騷擾，對教師此舉產生厭惡、反感，反而喪失或抵銷了師生關係經營的初衷。

因此，教師雖然可以也應該創造多元時機，善用平臺或社群來輔助師生關係經營，但同時也要審慎拿捏分寸。如果能將訊息張貼及電子郵件傳送，鎖定或限定在與課程教學相關，以及前述節日或適當時機點，用「有點黏又不會太黏」的方式，與學生維持「黏而不膩」的連結，方才較為適當。

功能效益

大學教師以合宜的頻率，運用教學平臺或線上社群的訊息張貼與電子郵件傳送等功能，來輔助經營師生關係，可以讓師生互動的時間、空間與機會無限的延伸與擴展，從而建立更多的心理連結。

時間、空間無限開展

在時間方面，大學教師能與學生互動的時間，原本侷限在每週的課堂或者排定的課業輔導時間。但是如果善用平臺或社群，大學教師將有機會「隨時」與學生做非同步的互動。教師每一天在非課堂時間，乃至於非上課的假日，或者出差旅運途中的空檔等，只要自己有所空閒或者感到有必要，登入平臺或社群，隨時都可以張貼訊息或發送信函給學生，學生也可以隨時且即時的接收到教師傳遞的訊息，師生互動的時間可以無限的開展。

同樣的，在空間方面，大學教師能與學生互動的空間，原本侷限在教室、教師研究室、系所辦公室或者校園之內。但是如果善用平臺或社群，將師生互動轉移到虛擬空間中，師生的實體人身無論處於何地，在校內、在校外、在家裡，甚至在國內、國外任何地方，只要能登入平臺或社群，「隨地」都可以張貼訊息或發送信函給學生，學生也可以在任何地方接收到教師傳遞的訊息，師生互動的空間可以無限的開展。

讓我常常「看見」你

大學教師善用教學平臺或線上社群，突破時間、空間的限制，彌補師生面對面實體互動機會的侷限不足，往往會讓學生有不一樣的感受。

曾有學生當面告訴我，她覺得我這個老師跟其他老師不太一樣。我訝異的追問原因，她說相對於其他大學老師，她覺得我這個老師會讓學生常常「看見」。這個「看見」不是說真的親眼看到，而是指會「意識到」、「想到」。

她說，其他的大學老師，學生通常就只有每週上課的那兩節課堂會看到、想到他們，但是我在課堂之餘，經常透過教學平臺及電子郵件，積極主動的傳送訊息或郵件給他們，因此學生相對會更常意識到我這位老師的存在，對我有較高的熟悉感，較密切的心理連結。我相信，這樣的熟悉感與心理連結，對於正向良好師生關係的經營必當大有助益。

第四章 蒐集閱讀學生資料

大學教師若能認識、熟悉任教班級的每一位學生，將有助於教學運作及常規管理，也有利於提升師生關係。因為能叫得出學生的姓名，知道他們的一些背景資料，通常會讓學生覺得教師看見我、看重我、關心我；相對的，如果叫不出學生的名字，對他們一無所知，要能有良好的互動或師生關係，通常相當困難。

對中小學教師而言，認識並能叫出學生姓名，經常被認為是基本功夫，但大學教師卻多半叫不出任教班級學生的名字，更遑論對其有較為深入的認識瞭解。基於此，除了儘量與學生有較多的課堂互動之外，透過學生基本資料的蒐集建立與閱讀運用，也是大學教師認識、熟悉任教班級學生，並奠定師生關係經營基礎的重要做法。

蒐集建立學生基本資料

國內各大學的學務系統或導師系統，比較會提供導師班級學生的基本資料。至於教務系統很少聽聞能提供教師任教班級學生的基本資料。部分學校透過校務行政系統匯入學生資料，讓任課教師能夠查詢，但經驗顯示，學生主動填寫的部分（例如：自傳、學經履歷等）往往相當簡略，乏善可陳。

有些大學教師會在課程開始之初，請學生自我介紹。然而學生對口頭自我介紹往往態度敷衍且內容貧乏，一口氣聽數十人自我介紹，對於師生、同儕之間的相互認識，效果也十分有限。還曾有學生抱怨，學期初多位教師分別都要他們課堂自我介紹，讓他們感到厭煩，甚至質疑教師是否藉此而不上課、虛耗時間。

因應學校無法提供較豐富且有價值的學生資料，以及避免無效率的課堂口頭自我介紹，大學教師可以設計製發書面的調查表，來蒐集建立任教班級學生的基本資料。

設計基本資料調查表

我設計的學生基本資料調查表有兩面，正面除了學生基本資料、通訊聯絡資料、重要學歷經歷、榮譽事蹟、現行擔任的重要職務（包含校內外工讀）之外，比較特別的是，也詢問他們的母語背景、擅長的外語，自己感到得意的專長，還有閒來無事會從事的休閒活動等。正面末尾則請學生勾選他們曾經或者現在正在修習我的哪些課程。

調查表正面右上方期望學生能夠貼上照片，這點頗為重要。人際之間的認識，首先應該能把人的姓名與面孔連結起來。大學教師平時不易在課堂教學時分心做這樣的連結，而今既然轉用書面調查表，則應該請學生貼上照片，無論是黏貼證件照，或者可以清楚辨識該生面孔的生活照均無妨。藉由調查表上的照片以及其他資料內容，以利大學教師在非課堂時間，能把學生的面孔、姓名以及其他資訊連結起來。此外，還要提醒學生選貼較近期的照片，若黏貼時間過久、臉孔已經與現況不太一樣的照片，將失去幫助連結記憶的效果。

調查表的背面則是請學生用較厚實的文字撰寫自傳。此外，也保留一個空間，歡迎他們寫下想對我說的話。由於自傳必須書寫較長篇幅的內容，因此允許學生可以利用先前在其他時機、場合撰寫的自傳，稍加修改之後，列印貼上，以避免學生因為懶得書寫，而降低填寫繳交的意願。

調查表與調查項目的設計，大學教師依據自己的需求酌予增刪調整。需要注意的是，避免調查某些敏感的隱私或意識型態事項，以免引發爭議。教師也應該允許學生選擇性的不填某些他們不想揭露的項目欄位。

酌予加分勿強制

學生基本資料調查表在每學期各該課程第一次上課時，分發給第一次選修我的課程的學生，或不曾填寫繳交過這張資料表的學生，請其利用課後時間填寫並貼妥照片，翌週回收；忘記帶來的，延後幾週也都持續接受補繳。某些學生同一學期修讀我開的多門課程，不需要逐科填寫。部分學生過往修課即曾經填寫繳交，則在檔案夾中找出並發回調查表，請他們檢視是否需要更新或增補。

請學生填寫繳交基本資料調查表屬於教師額外的班級經營作為，並非學生選修課程的必要義務，因此原則上只適合採取鼓勵方式。若學生不願意填寫繳交，教師不宜強制，更不宜給予處分，以免原本是立意良善的好事一樁，卻因為強制或處分，反而變成師生交惡的根源。我認識的一位老師，就曾因為堅持要學生填寫繳交，導致師生之間發生齟齬。

採取不強制的方式，勢必會有很多學生不願填寫繳交，教師將無法完整蒐集且建立全部修課學生的資料。我認為大學教師此時應該抱持「零基」思維，用「反正本來是零，能收到一張就算『賺到』一張」的心態來觀想。

若適當，大學教師可以採取學期成績（或平時成績）酌予加分的方式，來誘導鼓勵學生填寫繳交。以加分方式誘導鼓勵，有些教師或學生認為並非所宜，但是我尚未想到其他更有效的做法，而且加分有限，機會對所有學生公平開放，因此暫時維持之。

具體的加分方式是給予填寫繳交的學生學期總成績最高兩分的加分，實際加多少分，則是綜合學生填寫繳交資料表的質量以及時間來衡量。若填寫詳細豐富且完整，黏貼合宜的照片，並且翌週即行繳交者，給予兩分的加分。若填寫較為簡略，有所缺漏，或者沒有黏貼照片，或者照片不合宜，或者遲了幾週才補繳，則給予較少的加分。若某位繳交資料表的學生，當學期同時選修我的多門課程，我則會把這個加分加到該生當學期成績相對最低的那一門學科。

資料閱讀與運用

回收學生基本資料表之後，若束之高閣，那麼前述的努力將毫無意義。教師必須利用時間閱讀之，至少要加以瀏覽，以期對個別學生乃至於學生群體有基礎的認識，並進一步思考如何善加運用。

閱讀瀏覽學生資料

閱讀瀏覽學生資料時，主要重點在於將學生的臉孔、姓名，以及所填資料中教師感覺重要或者有意義的資訊，力求加以連結。

識人的能力因人而異，若教師自覺識人、記人的能力不佳，那麼要考慮採取「強記」的方式，或者經常翻閱這些基本資料，輔以課堂上或日常生活上的實際運用。通常只要稍微用些心力，還是有機會認識相當數量的學生。

若教師授課時，安排學生就坐指定的固定座位，則可以將資料表中的照片進一步運用，製成附有相片的座位對照表，如此將更有利於教師在課堂上將學生的臉孔與姓名連結起來。

運用學生資料

能叫出學生姓名，知悉其重要背景資訊之後，要更進一步應用於課程教學及日常各種與學生的互動機會中。

在課程教學方面，教師可以綜合班級學生的共通特質，來規劃或調整課程教學，但更重要或更常見的是與個別學生的互動。例如：在課堂教學時邀請學生發言，表彰學生優良表現，甚至督促學生投入學習，約束其不當行為時，教師能直接叫出學生姓名或名字，其效果都會優於教師只能說「這位／那位同學」、「你……」的狀態。在尊重學生、不會讓學生感到難堪的前提下，教師可以適當運用學生資料融入課堂教學內涵，例如：將教材上本來的「小明」，改換成班上某位學生的名字，提升課堂的趣味性，當事學生通常也會產生教師與自己較為親近與熟悉的感受。

除了課堂教學之外，教師平時在校園中遇到任教班級的學生，在打招呼的時候，可以叫出學生的姓名或名字，甚至可以與該生聊一聊他的一些履歷背景，如此也會讓學生感覺親近。否則，在校園中、等電梯時遇到學生，經常發生「看似熟悉，卻也陌生」，叫不出對方的名字，甚至不確定他有沒有選修我的課，或者修的是我哪一門課的窘境。因此，一旦碰面，在一番「你好，我好，大家好」的客套招呼之外，不知道還能再說些什麼，若不想「尬聊」，就只好假裝看電梯旁的公告（其實已經看過不知多少遍了），心中暗暗抱怨這部電梯怎麼還不趕快來。

你是斗六人啊！

對學生資料的閱讀瀏覽與記憶，教師可以考慮利用華人社會的習慣，多注意個別學生與自己之間各式各樣的「同」字關係，例如：該生（或該生周遭的其他重要他人，例如：父母、兄弟姊妹等）與我們可能會有的同鄉、同宗、同事、同業、同學、同校（校友）、同齡、同年、同梯、同好⋯⋯種種關係，或者是相同相似的思維或價值觀念等。若能找到這樣的關係並彼此知悉，通常有利於雙方相互視其為「自己人」，而有較親近密切的互動。

曾有一學期，我從學生繳交的資料表中，發現有位男學生是雲林縣斗六市人，也知道他國小、國中、高中分別就讀哪幾所學校。後來，在校園中碰到他，打招呼之後，我裝作不知道他的背景，便問他家住哪裡，學生答稱他是雲林斗六人。

我故意驚呼：「啊！你是斗六人啊？我老婆也是斗六人耶！那你以前讀斗六哪一所國小和國中？」

學生：「我國小念鎮東國小，國中念斗六國中。」

我又故意驚呼：「真的啊！真巧，我老婆小學也是念鎮東國小，國中一、二年級也是念斗六國中，國三才轉學到臺北。這麼說來，我老婆可以算是你的老學姐耶！」接著，我又問：「那你高中念哪一所高中？」

學生：「我是斗六高中畢業的。」

我又說：「哈！我老丈人以前是斗六高中的國文老師。」⋯⋯

有了這段對話的經驗，這位個性本來靦腆的男學生，後來在校園碰到我，都會很主動的跟我打招呼，彼此之間聊上幾句，上課時也會坐在比較前排的位置。

來自斗六的學生，原本跟我沒有直接的關聯，但就因為我蒐集並閱讀了他的基本資料，注意到他與我有某種「同」字關係（雖然頗為間接），就讓我能與該生多了一層連結，從而建立更為緊密的師生關係。

第五章　提問表單與加值性批閱回饋

國內大學生普遍不願或不敢在課堂（乃至於公開的平臺或社群）上發問問題，即使教師歡迎甚至邀請，或者不以課業為限，鼓勵可以廣泛提出生活、生涯相關問題，也鮮少有大學生會發問。造成此種現象的原因，有人戲稱是因為學生沒有念書，根本不知道問題在哪裡，但主要應該是受囿於學生次級文化，擔心同儕投以異樣眼光，視提問者愛現、愛出風頭，或者擔心所問的問題不得當，自己丟臉出醜，或者事涉個人隱私，不想讓他人知悉，還有就是從中小學以來逐漸定型的被動學習習慣等。

其實多數大學生對於課業、生活或生涯，還是存在著諸多疑惑困擾，想要獲得教師提供建議或指引。在學生不願或不敢在課堂上當面口頭發問的情況下，大學教師可以改用書面提問方式，請學生私底下寫出其疑惑困擾，教師閱覽之後回應並提供想法或建議，這樣不但有機會讓學生的疑惑困擾獲得解答、解決或者指引，更可以藉此創造交流機會，關懷普及每一位個別學生，對於師生關係經營具有相當良好的作用。

提問表單的設計

為了引導學生以書寫方式提出他們對於課業、生活或生涯的疑惑困擾，首先需要設計適用的提問表單，呈現邀請文字，並且為這種表單取個標題名字。

三段格式

我設計和使用提問表單與學生交流，此一做法由來已久，早在政大兼任教育學分班課程時就開始實施。而使用的表單格式也有所演進，現行三段格式的表單如圖一所示，是到東吳大學服務之後逐漸發展成形。

提問表單為A4大小的單張，內容分為三個段落。最上方第一段落除了固定的前言之外，主要呈現叮嚀學生近期應該注意的課業或生活事項，中間第二段落是學生書寫提出問題之處，而最下方第三段落則是我回應學生提問的空間。

我會願意用五百個字回覆您

在提問表單第一段落的前言處，我固定呈現下列這麼一段文字：

各位同學：

「雙溪左岸」是我到東吳任教之後，每學期例行會實施的師生書面溝通互動管道。各位同學對課程內容有不明白或有疑義的地方，請利用此表單提出。如果有其他學業、生活、生涯的問題，或者對課程的建議，亦可一併提出，我將竭力回覆。您願意用五十個字問我，我會願意用五百個字回覆您。

圖一

雙溪左岸

《班級經營》師生交流單 112-1

各位同學：

「雙溪左岸」是我到東吳任教之後，每學期例行會實施的師生書面溝通互動管道。各位同學對課程內容有不明白或有疑義的地方，請利用此表單提出。如果有其他學業、生活、生涯的問題，或者對課程的建議，亦可一併提出，我將竭力回覆。您願意用五十個字問我，我會願意用五百個字回覆您。另外，提醒各位同學以下事項：

1. 時序已進入冬日，乍寒還暖，氣候變化較大，希望各位同學注意衣著保暖與起居，維持健康以面對課業。
2. 期末第十七週舉行複習綜合評量，除了第一篇不再列入考試之外，第二、三篇課程內容、預習小考、教檢歷屆試題詳解（除選擇題外，還請特別注意綜合題、問答題部分）、案例討論，以及老師課堂或書面的補充教材，均納入評量範圍。
3. 歷屆教師資格考試考古試題分量不少，請儘早積極複習與準備，期盼各位同學均能獲得佳績。
4. 期末綜合複習評量的考後一百分訂正加分，比例將會降低，請各位同學務必在正規考試中即能獲取佳績。

提問

若沒有提問，請至少給老師寫一句話：＿＿＿＿＿＿＿＿＿＿＿＿＿＿＿＿

提問人：＿＿＿＿＿＿＿

（請務必記得填寫）

回應

這段文字中，提示學生可以針對本科或其他學科的課業、學習歷程，或者生活、生涯層面提出問題，也可以對我的課程教學提出改進建議，凡是想要與老師交流討論都可以書寫，主題或內容不拘。

更特別的是，我還寫了「只要您願意用五十個字問我，我會願意用五百個字來回覆您」這句話。這句話似乎有那種「加倍奉還」的味道，不過當初的靈感來源是出自日本動畫《神奇寶貝》。《神奇寶貝》這部動畫中，扮演反派角色的「火箭隊」三個成員——武藏、小次郎、喵喵，經常說這樣的臺詞：「既然你誠心誠意的發問，那我就大發慈悲的告訴你。」當然，在邀請學生提問的表單上不能這樣寫，因此就改成「只要您願意用五十個字問我，我會願意用五百個字來回覆您」這樣的句子，藉此展現誠意，鼓勵學生提問。

至少給老師寫一句話

雖然積極歡迎並鼓勵學生書寫提出問題，但是此舉並不是學生非配合不可的義務，因此教師不宜強制，應該允許學生可以空白不寫。

對於沒有問題或沒有意願書寫的學生，我過往會請他們簡單寫個「無」字，仍請他們繳回。沒有書寫但仍然要求繳回，主要是藉此提高學生書寫提問的機率，或者我會主動對某些沒有提問的學生進行一些個人性的提醒或交流，或者有時候這張提問表單兼做點名之用，換言之，就是以繳交代替點名。

晚近，我做了一點小小的調整，在提問表單中間第二段落學生提問空間下方，設計一行「若沒有提問，請至少給老師寫一句話：＿＿＿＿＿＿＿＿＿＿＿＿＿＿＿」，請沒有問題要與我討論交流的學生，也至少對我寫一句話，不多，只要寫一句話即可。

取個好名字

與第三章提到的教學平臺或線上社群一樣，這種與學生交流的書面提問表單，最好也能幫它取個好名字。

我現在服務的東吳大學，校本部在外雙溪，若以雙溪順流而下的方向觀之，校區位於溪之左岸，因此我目前使用的提問表單取名為「雙溪左岸」。

早期在政大兼課時，有一段時間我是兼任夜間教育學分班的課程，因此一系列與「夜」有關的名稱便開發出來。擔任夜間孝班的課程，我就把表單取名為「夜校生」，取其「孝」與「校」之諧音，這些來政大進修的教師學員，白天在學校當老師，晚上來政大當學員，十足也像是夜校學生。擔任夜間仁班的課程，我就把表單取名為「夜歸人」，取其「仁」與「人」之諧音，這些來進修的教師學員每天上課到晚間十點才放學回家，的確也是一個個夜歸之人。擔任夜間忠班的課程，我就把表單取名為「夜半忠聲到課傳」，取其「忠」與「鐘」及「課傳」與「客船」之諧音，主要是說這些晚上來進修的忠班學員，在夜深時分的課堂把心聲傳遞給我。而擔任夜間禮班的課程，我把表單取名為「夜裡的悄悄話」，取其「禮」與「裡」之諧音，因為這些教師學員在夜間課堂私底下書寫這些表單與我交流討論，就好像是在夜裡跟我說悄悄話。

有一年擔任暑期教育學分班的課程，該班前來進修的教師學員發現，班級成員來自臺灣每一個縣市，包含澎湖、金門、馬祖等離島、外島，都有教師前來進修，簡直就是「四海一家」，所以該班學員把We are the world這句話當作班級的slogan。我知道之後，就把與該班教師學員交流使用的表單取名為「烏鴉的窩」。為何叫做「烏鴉的窩」？只要把We are the world這句英文快速的念幾遍，便可知曉原委。

還有一次兼課的班級比較特別，是因應九年一貫課程綱要之頒布，國小開始修讀英語的時間往前延伸至三年級開始，為補充國小英語師資，因此教育部委託政大等校開設「國小英語師資班」，我也擔任過該班一門課程的教學。對於與該班學生或學員交流的表單，我從一部卡通獲得靈感，取名為「小英的故事」，呼應他們是「國『小』『英』語師資班」的事實。

實施方式與多元提問

提問表單設計完成之後，接著要對製發頻率以及如何邀請學生書寫提問等實施方式做些思考。我個人多年的實施經驗發現，製發這樣的表單確實會有很多學生書寫提出各式各樣的問題。

實施方式

針對任教班級學生製發提問表單並給予回應，處理負荷確實較重，大學教師應該量力而為。我目前「雙溪左岸」提問表單的製發與實施，每學期在一到兩次之譜。如果當學期時間較為寬裕，期中考、期末考之前幾週分別實施一次；如果當學期事務較為繁雜忙碌，則僅在期末考試之前幾週實施一次。實施的具體時間通常選定課務或其他事務負擔較輕、較有閒暇的週次。

事先備妥各該學科的提問表單之後，當週課堂上課之初即先行分發下去，請學生利用空檔書寫。兩節課堂結束、放學之前，無論書寫提問與否，都加以回收。

由於某些學生書寫的問題可能涉及隱私，即使不是什麼敏感的隱私，至少也是他個人的問題，因此收取提問表單時，通常都是個別、直接的收取，也就是學生自行繳交到教師手邊，不採取逐排由後往前傳遞的方式。發還時也儘量個別、直接的發還給學生，避免經過其他學生之手。

類型多元的提問

累積多年的實施經驗，我發現，願意提問的學生其實不少。以東吳修讀教育學程的師資生為例，一個班級中最少都有三分之二以上的學生會在提問表單上書寫他們想要與我交流討論、想要我給予想法或建議的問題。

學生書寫提出的問題類型頗為多元。少數學生會提出一些與課程內容相關的問題，或者對我的課程、教學或評量提出調整修改的建議，不過比例相對很少。有若干學生會書寫他們目前遭遇到的困境，例如：部分學生擔任學習扶助、課業輔導、補習班的教師或家教，面對學生不願意服從他們的指導或管教，對我吐露受挫鬱卒的心情，並詢問處理的對策。

比例相對較多的，當屬生涯發展問題，例如：修讀教育學程的師資生，他們常問「老師，您覺得我應該先去教育實習，還是應該先念研究所？」、「老師，我是英文系的學生，我想到高中去任教，那我是不是應該有國外的學歷？」、「請問，我想到高中任教，是不是應該具備碩士學位，將來比較容易爭取到教職？」、「教師資格考試要考哪些科目，您能不能開建議的書單給我？」、「我的家人（或者周遭的朋友）都說現在要成為公立學校正式教師很不容易，勸我不要修讀教育學程，但我覺得教育工作是我生涯的第一志願，進退之間，老師您有什麼建議？」……。從諸如此類、林林總總的問題可以窺知，處於這個年代，大學生對於未來的生涯發展還是頗為茫然，亟盼教師給予指引或建議。

豐厚且迅速的回應

既然宣示「只要您願意用五十個字問我，我會願意用五百個字來回覆您」，而學生又頗為「捧場」的書寫提問，自然要實踐承諾，給予學生豐厚的文字回應。此外，還應該儘速的回應並發還。如此，方可達到及時解答疑惑與全面照顧的效益。

豐厚的回應

學生提出課程內容相關問題，教師依據自身的專業知識給予解答回覆或說明釐清即可。偶遇學生提出自己也不甚瞭解的課程問題，則翻找參考文獻或者上網查詢資料後給予適當的回應。

學生提出對課程、教學或評量的調整修改建議，則先表達感謝指教之意，然後視狀況，有些時候是說明我為何如此規劃設計或安排的理由，請學生理解或諒解；有些時候則是接納他們的建議，並即時做調整修正；若無法或不便即時調整修正，則請其諒解，並表示在未來的新學期，將參酌其建議，修正我的課程、教學或評量相關安排。

學生提出生活、生涯相關問題，有些可以提供資源供其參閱，或者建議他們透過某些管道尋求協助，更多時候是教師提出對於這些問題的個人見解。基本上，大學教師的人生閱歷應該都足以回應學生的這些問題，至少就是表述自己的觀點或想法，並無太大的難處。

學生所提的問題，原則上個別性的給予回應或回覆。但若發現某個或某些問題被多位學生不約而同的提出，或者事關全班同學，或者是其他學生也會關心關注，那麼可以適當的隱匿提問者可辨識的個人資訊，或者將這些問題做概括性的改寫，再連同教師的回覆內容，透過教學平臺張貼公告，並同步發送電子郵件給全班學生參閱，讓提問與回覆發揮更廣泛、更延伸的功效。

迅速的回應

收回學生繳交的提問表單之後，要逐一詳閱並給予豐厚細緻的回覆，必須花費較多、較長的時間。我通常會先大概瀏覽一下，檢視有無必須即時或優先處理的事宜。例如：若有學生透露出灰色憂鬱的心情、自殺輕生的念頭，則必須立即聯繫、關注與處理。所幸，這些年來，還不曾有學生在提問表單上寫出這樣令人緊張，必須緊急處置的內容。

雖然不需要緊急處置，但無論如何，我都堅持一種原則，就是務必在下一次的課堂就發還提問表單給學生，絕不拖延，以期收到時效，也展現教師的效率與誠意。因此，當週課堂結束就儘速利用空檔時間或者假日，詳閱學生書寫的內容，並逐一給予厚實的文字回應。

回應學生的提問，若用手寫，既費力又費時，而且手寫字體通常較大，提問表單上不算太大的回應空間寫不了太多文字，因此都以電腦打字，速度較快、較有效率，也較為輕鬆、較為美觀。有很多時候，學生問的問題是類似的，我會將過去曾有的回應存檔文字複製貼上，酌予修改即可，藉以減輕若干負荷。

回應文字打字完畢，列印出來，再逐一裁切剪貼在各該學生的提問表單上。給某些學生的回覆文字篇幅較長，裁切下來的回應紙張會超過回應空間的欄位，就採取浮貼方式，把超出版面的部分反摺起來。此外，對於某些學生提問的問題，我會提供一些多達數頁的參考資料，那就以附件方式，釘在原提問表單後面，提供學生參考。

解答疑惑與全面照顧

提問表單的設計實施與回覆，雖然要額外付出若干時間與心力，但是因此而創造出獨特的師生交流互動機會，確實會收到多元的效益。

本來不願意與教師交流互動的大學生，會願意書寫提出他們當下最感疑惑困擾的問題，或者最想要知道的事情，甚至是涉及隱私的問題，這意味著學生還認同我這位教師；接著，看到教師給予豐厚的回應或回覆，還儘速的在次一週即能發還給他們，感受到教師的用心與誠意，而且經常又能發揮「解惑」的功能，建設性的指點迷津，或者發覺教師願意採納自己提出的建議，學生通常會有很正面的感受與評價，這些對於良好師生關係的建立與維繫必當會大有幫助。某些學期我實施兩回的提問表單，在第二回實施時，就會有部分學生針對前一回我給他們的回應或回覆，表達感謝之意。

更重要的是，這樣的做法能讓師生互動較為深刻，而且較能真正全面照顧到所有學生。首先，在一般情境下，大學教師基本上是以團體方式與任教班級學生互動。團體互動情境下，有些學生會覺得教師說的話是講給別人聽，與他無關。但是提問表單上的問與答，就是百分之百的一對一，學生會有「這些文字是老師專門對我一個人說」的深切感受，這種個人化的互動感受，不是團體互動所能比擬。

再者，教師平時不知不覺中，多半會比較關注班級中少數特別優異或者特別令人頭疼的學生，忽略其他多數、中間、沉默的學生。而提問表單的實施，教師針對每一位個別學生回覆或回應他的提問，可以讓那些平時不太會被教師關注的一般學生，也能真正的被教師個別性的關注、照顧到；換言之，這樣的「個別照顧」能夠幫助教師真正「全面照顧」到每一位學生。

加值性批閱回饋

除了使用專門設計的交流表單來創造與學生的互動機會之外，大學教師也可以採取其他變通方式，例如：請學生在個人繳交的學習單、作業或試卷上附帶提出問題，這也是一途。

若聚焦在學生學習的回應，而非生活或生涯問題，大學教師則可以善用本來既有的作業、報告或評量試卷，透過加值性的批閱回饋文字，達到對學生說說話的效果。

多寫幾個字

書寫週記、日記、聯絡簿或作文簿是中小學生厭煩的事務，但卻也有部分教師善加運用，發揮了意想不到的好效果。最典型的就是有些教師會在上面書寫很多回應文字，有時候寫得比學生還要多，致使學生不僅重視這些簿冊或作業的書寫，每次繳出之後，還會急切期待教師儘速發還，看看教師在上面寫了些什麼。將這些簿冊作業成功經營成為師生（或親師生）交流互動的重要平臺，也是增進師生關係的途徑之一。

大學教師與學生之間不會有聯絡簿、週記或日記等，能使用作文作業來做前述交流互動者也十分有限。但是，多數教師還是可以找到類似的媒介，也就是善用既有的作業、報告或評量試卷（無論是書面或數位均可），來發揮類似的功能。

大學教師批閱學生繳交的作業、報告或評量試卷之後，通常就給個分數或等第。稍微「進步」一點的，則使用評量基準（rubric）提供較多的回饋訊息。若除了分數或等第之外，能積極一點，多寫幾個字，將可以讓這些作業、報告或評量試卷發揮教師關懷學生，或者師生交流互動的「附加價值」。

在學生的評量試卷或作業上，我習慣性的會針對其學習或評量表現，書寫若干文字或文句（如圖二）。例如：對評量成績優異者，會寫「表現特優，名列前茅」、「評量成績優異，繼續保持」，或者「學習表現績優，持續努力」；對優良的學生習作或教案，會寫「第一次練習就能有這樣的表現，真的很不錯」、「相當用心，設計符合基本規範，並展現創意」。對評量成績表現中等者，會寫「再接再厲，追求更上一層樓」之類的鼓勵文字；至於對評量表現不理想的學生，則會寫「建議您付出更多時間與心力，精熟學習本學科重要內容」；有學生考試成績突然大幅降低，就會書寫「這次考試成績不盡理想，有什麼特殊原因嗎？期望恢復應有水準」之類的關切、督促、建議或鼓勵性質的語言。又例如：有些學生在評量考試各種題型中，選擇題的答題表現尚佳，但問答題的答題表現則有欠理想，我會書寫「問答題在教師資格考試中占百分之四十的比重，請務必提升答題能力與表現」之類的提醒文字。

圖二

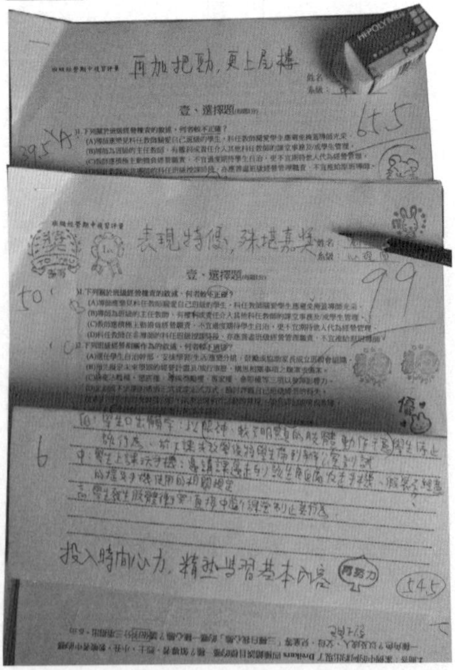

除了學習表現的回饋之外，若湊巧或有需要，也可以書寫一些與作業、報告或評量考試的表現無關，但與學生切身相關的其他文字。例如：知道某位學生近日傷病，就可以在其作業、報告或評量試卷的適當處，書寫關切其傷病現況及祝福早日痊癒的文字。

大學教師若能如此加值批閱回饋，學生除了分數或等第之外，還會看到教師的回饋文字，通常會覺得教師發還的作業、報告或評量試卷更有「人味」，即使是督促、警示、提醒取向的留言，學生也多半會有較正向的感受。此種文字回饋應該以親筆手書為佳，若刻好橡皮章挑選加蓋，或者用多選項的印章勾選適用的一個語句，那種「人味」的感覺會顯得打了折扣。

順帶一提，大學教師批閱學生的作業、報告或評量試卷，無論是給予分數、等第，或者書寫前述回饋文字，若學生成績表現優異，則這些分數、等第或回饋文字，依慣例就寫在首頁右上方空白之處。但若學生成績表現欠佳，特別是不及格，則應該寫在作業、報告或評量試卷末尾、背面或內頁的空白處，並以較小的字體呈現，以維護學生的隱私與自尊。

用輪流減輕負荷

大學教師安排作業、報告或評量考試的次數如果較少，或者任教班級數或學生數不致過多，可以考慮每次都針對全班學生書寫前述回饋文字。但是如果作業、報告或評量考試的次數相當頻繁，或者任教的班級數或學生數眾多，每次都書寫這樣的回饋文字，負荷必然相當沉重，但若因此就放棄這項做法，也十分可惜。

因應此一困境，運用輪流策略即可相當程度獲得解決。舉例來說，某班學生六十人，教師每週都有一次書面作業。教師在第一週第一次作業時，可以僅針對班上編號一號至十五號的學生書寫這樣的回饋文字，其他就僅給予分數或等第；第二週則僅針對編號十六號至三十號的學生書寫，其他就僅給予分數或等第，依此類推。

透過這樣的策略性調整，教師的回饋對象減為四分之一，但從學生的角度來看，學生每繳交四次作業，其中便會有一次可以收到教師給予的回饋文字，整個學期下來，大約會收到四次此種回饋。如此因應處理，一方面保有這樣的互動機會，另方面又可以大幅降低教師的負擔，相當值得採行。

不過，輪流書寫回饋文字的做法僅是原則。某些不是當次輪到要給予回饋文字的學生，若有特別的需求，例如：表現特殊優良或不理想，還是可以保持彈性，突破輪流循環的既定順序，對這些特定學生進行書寫。

第六章　卡片傳情意

除了電子郵件、簡訊或書信之類的文字外，卡片或圖檔也是傳達情意常用且好用的媒介。大學教師在適當時機透過製發實體卡片或者電子卡片，或者將其搭配電子郵件、簡訊或書信，傳遞對於學生的問候、祝福或叮嚀、提醒，也是經營師生關係的方法之一。

製發卡片的多元時機

我透過卡片與學生互動，始於民國九十二年到東吳大學服務的第一學期，當時農曆新年前夕製作了一張賀年卡片。後來除了延續此項做法之外，更進一步將卡片製作與發送，擴展到其他更多的節慶或事務上。

賀年卡片

在東吳大學服務的第一學期，期末已經接近農曆春節，我製作了一款頗為特別的「一元復始」賀年卡。

這張賀年卡在紅色卡紙上，印有鯉魚圖案以及「吉祥如意歲平安」、「恭賀新禧」等文字。最特別的是，我在卡片中間貼了一枚一元的舊版硬幣，製成「一元復始」為概念的賀年卡。

關於卡片中黏貼的舊版一元硬幣，有段值得敘說的故事。

先父出生於民國三〇年代初期，這一輩的臺灣人成長在兩岸緊張對峙的動盪時代，戰爭隨時可能一觸即發。先父對此有著高度的憂患意識，擔心萬一戰爭爆發，貨幣會變成一文不值。有錢人家當然會去買黃金避險，但是早年從事木雕工作的先父僅能勉強養家活口，沒法攢太多的錢，更買不起黃金，但他還是想著，辛辛苦苦積蓄下來的一點錢，與其保存的紙鈔屆時可能變廢紙，還不如多少把一部分換成硬幣囤積起來。畢竟硬幣是金屬鑄造，即使戰爭爆發，貨幣都會貶值，但是硬幣可能有一點實體金屬價值，不會貶值貶得那麼厲害，因此他真的就囤積了一大包舊版一元硬幣。

後來，戰爭沒有爆發，但先父卻因為積勞成疾、年壽不高就走了。我整理先父遺物時，發現櫥櫃角落深處有這麼一大包舊版一元硬幣，詢問家母，才知道個中原委。

原本我也打算像一般人那樣，將這包舊硬幣拿到郵局或銀行，兌換成現在的貨幣。但我突然憶起，過去念師專時，有位學姐曾經送給我們這些學弟、學妹貼著新版一元硬幣的「一元復始」卡片。而這些和當今十元硬幣很相像的舊版一元硬幣，因為已經不再流通，年輕一輩的學生並不多見，與其把這些硬幣拿去兌換，不如仿效我的學姐，把它們當作美工材料，做成卡片贈送我的學生，因此這款卡片於焉誕生。

卡片製作完成，放進紅包袋裡，期末最後一次上課，學生進行期末考試，當他們考完、陸陸續續出列繳卷時，我一手接過考卷，一手送給他們內裝一元復始卡片的紅包袋，說這是送給他們的「壓歲錢」。學生都顯露出訝異、驚喜的表情，他們先前絕對想都沒想過，在大學求學居然還會收到這樣的壓歲紅包。

學生對我發的一元復始賀年卡，反應十分良好，因此我決定往後的每年，都要持續製發這樣的農曆春節賀年卡。只是當時任教班級學生人數眾多，舊版一元硬幣約兩年就已用罄。所以後來就改做生肖系列的賀年卡，同樣在第一學期期末最後一次上課時，發送給學生（如圖三）。

圖三

接續的幾年，我陸續製作了雞年、狗年、鼠年、牛年的生肖賀年卡片。豬年生肖賀年卡從缺的原因，主要是時值民國九十六年，當年農曆春節比較晚，學校第一學期結束時，距離農曆春節還有約莫三、四週左右很長的一段時間，幾乎感覺不到什麼年味。在還沒什麼年味的時候，發送農曆春節賀年卡，似乎有點「不得時」、有點「矯情」，所以當年就沒有製作。

後來我覺得，因為這樣的原因就放棄了一次機會，似乎有點可惜。所以，民國九十九年虎年情況雖類似，但我學期末還是製發了卡片，只不過卡片內容不是祝學生「新春佳節愉快」，而是改為祝福同學「寒假平安、充實、愉快」。經過這樣的想法修正，上學期期末無論是否接近農曆春節，我都可以製作春節賀年卡或者寒假祝福卡發送給學生。

搭配郵件訊息的電子卡片

卡片的製作與發送，最初僅針對農曆春節，不過很快的，我就想到何必以農曆春節為限，因此製發卡片的時機就更加頻繁而多元了。唯一不同之處是春節賀年卡或寒假祝福卡會維持製發實體卡片，其他時機則都是以電子卡片形式製發。直到這兩、三年，基於環保考量，減少紙張耗用，春節賀年卡才轉成也是採電子卡片形式。

製發電子卡片的多元時機，基本上與第三章提到利用教學平臺張貼訊息，以及同步發送電子郵件密切相關。透過教學平臺張貼訊息及發送電子郵件時，如果單純只有文字，感覺比較「乾」、比較單調，因此與師生關係經營有關的訊息或電子郵件，習慣性的都會加上電子卡片。所以，期中／期末考試的加油打氣卡、噓寒問暖卡、衛生保健叮嚀卡、中外重要民俗節慶卡、父親節／母親節祝福卡、準教師賀節卡、寒假／暑假祝福卡、Back to school歡迎卡等，便紛紛應運而生（如圖四）。

大學教師也可以針對個別學生的生日，製作發送生日電子賀卡給學生。只是對於生日，我個人比較傾向視之為「母難日」，而不是以慶祝「生日快樂」的角度來思考，因此就沒有製作發送生日卡片。若教師對於生日並不是抱持這樣的看法，還是可以考慮對每一位個別學生製發。

圖四

無蝦米卡片製作法

大學教師可以在文具店直接採購精美的現成紙本卡片運用，但是成本高昂，並不經濟，而且卡片圖樣或內容也不一定能夠切合教師的需求，因此若能自製通常較好。

自製實體或者電子卡片並不需要美工設計相關專業訓練，無需學習過諸如Photoshop之類的繪圖軟體，一般大學教師也能輕易簡便的自製所需的卡片。最簡單的方式之一是取得某個適用的實體卡片，在上面書寫文字、簽名蓋章，然後以掃描機掃描為電子檔，即告完成。

除此之外，亦可使用Microsoft Office內建的Word、小畫家、Picture Manager，以及Adobe Acrobat的PDF檔等大學教師一般都會使用的基本圖文處理軟體，將相關圖文整合轉換，輕鬆快速的設計製作所需的電子卡片或圖檔。

電子卡片製作

自製電子卡片或圖檔的操作步驟，說明如下：

步驟一：取得所需的圖檔，以及準備教師印章或意象的圖檔，例如：去背的簽名圖檔。

步驟二：開啟一個空白Word檔案，將卡片圖檔以及教師元素圖檔貼上。

步驟三：在Word檔案上打上所需的文字，並且選用適當字形，調整適當的字體大小。

步驟四：使用Word軟體「圖片工具」中「文繞圖」，將各圖檔點選「穿透」、「文字在前」等選項，將兩張圖檔以及所打的文字整合重疊在一起，並且調整至適當美觀的位置。整合確定之後，存檔備用，接著將此Word檔案另轉存成PDF檔。

步驟五：開啟一個小畫家的空白檔案，然後以鍵盤上的Print Screen擷取PDF檔案的電腦螢幕，貼到小畫家空白檔案中。

步驟六：使用小畫家「另存新檔」功能，將圖檔另存成一個JPG或PNG格式圖片檔。

步驟七：使用Picture Manager或其他圖片編輯軟體，開啟前一步驟另存的JPG或PGN格式圖片檔，使用裁剪功能，將卡片周邊不需要的部分裁剪掉且存檔，即大功告成。

實體卡片製作

如果教師要進一步將電子卡片製成實體卡片，後續的操作步驟說明如下：

步驟一：開啟一個空白Word檔案，並將前述製作完成的電子卡片圖檔加以複製，貼到Word檔中，調整成實體卡片適合的大小。

步驟二：將調整妥當的圖檔，複製貼滿整個Word頁面，使一張Word頁面可以列印多張卡片。貼滿後，存成列印檔。

步驟三：將卡片列印檔以彩色印表機列印出來。

步驟四：將紙張上彩色列印的卡片，逐張裁剪下來。

步驟五：將裁剪的卡片放入護貝膠膜中加以護貝。

步驟六：將護貝好膠膜的卡片，以每張卡片四個周邊大約各留0.2公分的邊界，逐張裁剪下來，即大功告成。

卡片製作運用的眉角

累積若干年的實體與電子卡片或圖檔製作經驗，有幾點卡片製作運用的小建議，提供參考。

第一，合理使用網路圖檔。製作電子卡片所需的圖檔，可以使用教師自己拍攝的照片，亦可在網路上蒐集概念呼應的適用圖照，或者美觀的底圖來使用。一般而言，圖檔取自網路資源者居多。大學教師會擔心未經授權使用他人圖檔，是否涉及侵權問題。當然，如果能獲得授權，或者使用沒有侵權問題的圖檔，例如：學校採購的圖庫，或者網路上開放自由使用的免費圖檔，那當然最好。如果沒有辦法取得授權，也不確定圖檔是否開放自由運用，大學教師若不放心或為求審慎，那就在運用時適當註明圖檔來源或創作者姓名。不過，一般而言，由於僅是有限度的使用某個來源的單張圖檔，而非大量使用，而且使用乃是基於教育文化的目的，沒有營利意圖，流通範圍也僅限於自己任教的班級，其實不太需要擔心侵犯智慧財產權的問題。依我多年使用的經驗，也從來沒有因此而引發爭議。

第二，展現自製意象。教師製發實體或電子卡片都最好能夠加上教師個人的元素，使得卡片像是教師特地為學生專門製作的，學生收到時，感受通常會更好。所謂的自製，並不是指卡片圖照都要自行繪製或拍攝，而是說卡片中能置入教師專屬的印記，例如：教師的圖章、簽名、卡通頭像或其他圖文符號。

第三，紙本實體卡片宜有卡片樣貌。具體言之，就是實體卡片的紙張必須較厚、較硬，要使用高磅數的卡紙製作，不能只用一般七十或八十磅的普通紙張。如果使用一般七十或八十磅的普通紙列印，那麼就必須在裁好之後轉貼到卡紙上，或者以護貝方式處理。此外，卡片的大小、長寬的比例等，也應該符合美感的一般訴求或者慣例。

第四，善用人力協助實體卡片製作。電子卡片的製作相對簡易，若已熟練且所需檔案均已備妥，大約五到十分鐘之內即可完成。但若要製成相當數量的實體卡片，其剪裁、黏貼、護貝等均頗耗費時間、心力。大學教師除親力親為之外，可以商請教學助理或者家庭成員協助。過去，我曾找過自己的子女在假日幫忙製作實體卡片，速度可以快上許多。製作完成之後，招待他們外出用餐，以表示感謝與犒賞。這樣我的工作完成了，小孩也有幫到大人的成就感，最後還可以打打牙祭，皆大歡喜。

第五，間隔性的重複使用。學生一屆又一屆的入學，一屆又一屆的畢業，教師可以隔一段適當的時間，例如：三、五年，或者十二生肖的一輪迴，將先前製作但還是適用的卡片拿出來再度運用。這樣也可以部分減輕教師設計製作卡片的時間、心力。

第七章　老師的N封信

除了引導學生學習學科專業知能之外，學生也頗為期望大學教師能夠分享人生閱歷。我曾發表過一篇題為〈大學教師教學優良之特徵——東吳大學師生觀點之文本分析〉的論文，研究中就發現學生相當看重並敬重大學教師能「分享廣博閱歷經驗，拓展學生視野或提供指引」，以及「擔任人生導師，導引價值態度與解決人生困頓」。

大學教師若想對任教班級學生有所督促、提醒或鼓勵，或者想與學生分享個人的理念經驗，可以利用課堂空檔與學生口頭閒聊，也可以撰成書信文章印發或傳送給學生，提供學生課餘閱讀。這樣的講話或書信文章，比起正式課程內容，可能更能啟發學生，同時也讓學生更加認同教師。

書面撰寫印發的考量

在東吳大學任教開始，我例行性的會就學生普遍性的學業學習、價值觀念、生活態度，或者我個人的信念見解、生活感觸、生命經驗等，寫成一篇篇文章並印成紙本，發給學生人手一張，供他們課餘閱讀。

前述作為雖然可以在課堂上撥出部分時間，直接口頭談一談或聊一聊，既直接又簡便，還能兼顧環保，節省時間與金錢成本，而且以書面撰寫、紙本印發給學生課餘閱讀，也不知道學生是否真的會閱讀。但基於幾個原因的考量，我還是選擇以書面撰寫方式來做這件事。

第一，教學時間非常有限，頗有進度壓力，如果還要撥出寶貴的課堂時間來談這些話題，將更加壓縮授課時間，更無法完整教完既定的課程內容。

第二，課堂上暫停正課講授，與學生談論這些「課外」話題，雖然相信多數學生會認可，但也還是要考慮少數學生未必能理解教師的用心，以為教師不想專心上課，而在閒聊一些與課程未必有關的「五四三」，對教師產生誤解，甚至透過某些管道或平臺投訴批評。

第三，在課堂上以口頭方式對同學談論，基本上只能聽一次，聽過之後，教師談論的內容就「消失在空氣中」，即使學生覺得有價值，也難以再次聽講，更無法長久留存。

第四，對於不擅口頭表達的教師而言，書面撰寫方式相對較為容易，而且書面文章的用字遣詞通常會比口說嚴謹審慎，較能精準傳達教師的意思。

基於前述考量，因此我還是選擇以書面撰寫、紙本印發人手一張的方式，讓學生課餘閱讀。雖然部分學生看都沒有看，但相信多數學生還是會「瞄」幾眼，部分學生會好好看一遍。就我所知，甚至不少學生會保存起來，日後看第二次、第三次……。

書面撰寫與紙本印發也比較有機會讓這些內容獲得擴展延伸性的運用。例如：將文章電子檔透過電子郵件寄發給我導師班級的學生，或者提供給服務單位登載於發行的刊物或社群平臺等，讓更多學生得以參閱，這些文章就可以發揮更大的影響力與效益。

採取書面撰寫文章此一方式，涉及我個人相對比較擅長書寫。大學教師可以斟酌自己擅長的溝通表達方式，採取其他不同的變通形式。例如：擅長口說表達的教師，可以錄製語音；擅長媒體製作的教師，可以錄製短影音，或者製作具動態圖文效果的投影片；擅長漫畫的教師，可以繪製單幅漫畫、四格漫畫或短篇連環漫畫等。製作完成之後，將其電子檔放置到特定的教學平臺或線上社群，或者透過電子郵件寄送給學生，提供他們收聽、收視或瀏覽。只要能夠將教師想要與學生談論的內容有效的傳遞給學生，無論採取哪一種媒介或方式都行。

集結出版

前述文章的撰寫與印發，我每學期多半為一或兩篇，有些學期比較有想法、感觸或閒暇，也曾寫到三、四篇之多。

歷年來，持續撰寫印發這樣的文章，形式上還頗有一番演進。最初，只是白紙黑字，後來覺得白紙黑字不好，就改用彩色影印紙列印；再後來，考量新世代學生都是在彩色圖文環境中長大，因此文章中開始加入插圖，並且以彩色列印方式印發，期望更能激發學生閱讀的興趣。

累積多年下來，突然有一天，驚覺自己有點像是作家林良。林良有本名著《爸爸的十六封信》，集結寫給女兒櫻櫻的十六篇書信，其中還有一篇曾被選入國中國文教科書中。當時還在念國小高年級的櫻櫻，生活中遭遇一些煩惱困惑，想跟爸爸林良談談，但是林良往往忙於工作，無法即時與櫻櫻討論。直到深夜，工作完畢，才用寫信筆談方式，對櫻櫻分析她所遭遇的生活課題、人情事理，並分享他的看法。櫻櫻翌日起床收到這些信，都會帶到學校細細閱讀。

我給學生寫這些文章，其動機與作用似乎也有異曲同工之妙，所以興起東施效顰之念，想把這些文章集結起來出版成書。這個念頭醞釀許久，不過遲遲沒有實踐，一直到民國一〇一年，累積到三十六封信時，下定決心集結成《老師的三十六封信》加以出版，陸續分贈給在學的師資生，也在若干應邀到大學與老師們分享我班級經營經驗的演講或研習場合，贈送給大學老師參考。《老師的三十六封信》彙編出版之後，我仍持續的為學生寫這樣的文章。民國一〇五年累積到六十封信時，再次集結增訂出版成《老師的六十封信》。當然，迄今我仍持續撰寫，截至民國一一三年五月累積到了八十五封信（目次如表一）。未來累積到九十九、一百封信或其他合宜數量時，再看看是否重新集結，增訂成冊再版印行。

表一

老師的六十封信目次

第八章 返老還童溫舊夢

大學教師不宜用「孩子」或「小朋友」來稱呼大學生，但是誠如世界名著《小王子》開卷所寫：「所有的大人都曾經是小孩，只是他們都忘了。」相信所有人，包含大學師生在內，內心中都還住著個孩子。

既然如此，大學教師不妨採取大學生念小學時他們老師慣用的一些方式來與學生互動，諸如發送糖果、加蓋圖章，以及頒發獎卡、獎品或獎狀、證書等。不同於中學生，這樣的做法不用擔心大學生會認為被教師「看小了」，也無須擔心會造成大學生「弱化」、「幼稚化」或「中小學化」（若然，必另有他因），反而有機會讓這些「童年夢已遠」的大學生重溫舊夢，想起過往的快樂歲月，心理泛起甜甜的感覺，藉此暖化任教班級氣氛，增添課堂趣味，也有利於師生關係的建立與維繫。

慰勞考試的糖果

我對任教班級安排有較為頻繁且辛苦的評量考試，為了平衡學生應考的負面感受，以及慰勞學生準備考試的辛苦，在考試當天，我過往都會備妥一桶糖果攜至課堂，當學生出列繳卷時，就請他們從桶中拿取糖果。

慰勞考試的糖果，從巧克力、果凍、椰果、棒棒糖，到水果軟糖等，都曾經買過。其中，學生最喜歡、最常買的是一種有多種口味、名叫「嗨啾」的水果軟糖。這種水果軟糖一條售價十或十五元，原本讓每位學生各拿取一條，不過後來發覺再這麼下去，財力恐怕不堪負荷。所幸，在大賣場發現有量販包，便改買量販包，每次讓同學拿取兩個，負擔就減輕多了。

大學生會喜歡吃糖果嗎？答案是肯定的。每次慰勞考試所準備的糖果，邀請學生自行拿取，幾乎每位學生都會拿。甚至曾有幾次，學生全部繳卷完畢並領取糖果之後，有學生跑來問我糖果還有沒有剩餘，如果有，他可不可以多拿幾個。聽到學生這樣詢問，如果有剩，為師者當然都會讓他多拿幾個，甚至剩餘的就全部給他。由此可見大學生其實還是喜歡吃糖果，而且也間接說明這種仿效小學老師發糖果的策略是有效果的。大學生都會拿取，甚至前來多要剩餘的糖果，某種程度也意味他們認同我這位教師，否則即使他們喜歡糖果，但因為厭惡教師，也會不屑一顧，更不可能前來多要幾個。

使用糖果慰勞學生考試的做法，後來取消不再實施，主要原因倒不是考慮經濟負擔，而是考量到現代人糖分攝取過量，基於不要助長此種不健康現象，因而捨棄之。

現在只有偶然的時機，我會在課堂上與學生分享甜點、餅乾。最常見的，就是收到畢業學生的訂婚喜餅或者其他來源獲贈的糕點。這些喜餅、糕點如果都帶回家，實在難以消化，徒然讓我增肥而已，因此若適逢上課，就帶到課堂讓學生「傳閱」，自由拿取。令人高興的是，這些喜餅、糕點幾乎都會被拿光。

另外一項類似將獲贈糕餅、糖果分享給學生的做法，就是將手邊自己用不上的物件贈送給學生。這些物件來自各式各樣的來源，有些是全新的，也有些是二手回收仍堪用的，其中以紀念品、文具、教具、生活用具、書籍居多，也曾有某些運動賽事、藝文表演、交通旅運的票券或優惠票券。既然自己用不上，與其囤積堆放在研究室占空間，或者放到過期失效，不如拿到課堂上詢問學生，若學生有需求或興趣，就贈送給他們。

前不久，我分別在幾門課堂上，把多年不再使用的麥克筆、彩色筆、檔案夾、絨布證書夾、手偶、生末淨旦丑布袋戲偶，以及登記搶到、但使用期限之內自己用不到的高鐵優惠券提供出來。很快的就有多位學生舉手表達意願，立即接收，索取一空。

加蓋乖寶寶印章

小學教師經常使用一些圖章，蓋在學生的聯絡簿、作業或試卷上，一般人稱這種圖章為「乖寶寶印章」。大學教師在學生的作業、報告或試卷等處加蓋這類圖章，是一件頗為有趣的事。

乖寶寶印章中除了圖案之外，多半會搭配一些文字，有屬於肯定、表揚性質的，例如：「啵棒」、「滿分」、「猴塞雷」、「優」、「不錯喔」、「表現良好」、「有進步」等；也有屬於鼓勵、督促性質的，例如：「加油」、「再努力」、「要再加把勁」等。文具店裡乖寶寶印章種類樣式繁多，頗能滿足教師的需求。如果不敷教師的特殊需要，現在刻橡皮圖章非常簡易便宜，也可以依需求設計妥當，再請印章店家為自己專門客製。

我手頭有不少這樣的印章，除了少數是自己去文具店購買的之外，絕大多數乃是資源回收再利用。我內人的一位同事，這位媽媽在小孩還小的時候，自己在家運用乖寶寶印章來作為教養小孩的輔助工具，後來小孩長大了，用不上了，便把這些乖寶寶印章送給我內人，內人沒有運用，閒置一邊，被我接收運用於東吳任教班級的學生身上。使用多年，後來有學生逛文具店，還特地買了一些乖寶寶印章送給我使用。

這些圖章主要是加蓋於學生繳交的作業或評量試卷上。作業或評量試卷除了分數或等第之外，另外對應學生的表現，選取適當的圖章予以加蓋（參見圖二）。另外，也有某些作業或學習單就直接利用這些圖章代替分數、等第，蓋幾個章，就等於給予幾個點數，未來再依據累積的點數多寡，來換算學業成績。

在學生作業或評量試卷上加蓋乖寶寶印章，大學生對此舉頗有正向反應。舉例來說，發還加蓋圖章的作業或評量試卷之後，就會看到或聽到學生交頭接耳、相互觀望，除了看看你得幾個章，我得幾個章之外，還會聽到他們這樣的對話：「老師幫我蓋的是小海豚，你蓋的是什麼？……小熊喔！卡哇依呢！」

還曾發生過一件事，某一門課程我要求每位學生個別撰寫「單元教學活動設計」，也就是一般所稱的「教案」。學生依序分週輪流繳交，我依序逐週批改。某一週，我發現有位學生很認真、很用心，教學活動設計符合規範而且相當精緻，適當的表現創意，所以在教案之末，除了給予好的等第，寫了若干肯定、鼓勵的文句之外，剛好手邊有這些乖寶寶印章，因此就蓋好幾個「啵棒」、「啵棒」、「啵棒」的圖章，翌週上課時發還給她。

這位學生有一位死黨般的同學，次週輪到她繳交教案。或許是「物以類聚，人以群分」，這第二位學生的教案設計也同等認真優異，批改完畢，我同樣在她的教案末尾給予好的等第及肯定、鼓勵的文字，不過當時手邊沒有乖寶寶印章，而且加蓋印章並非本來的規劃，前次只是碰巧手邊有才順手加蓋，這次手邊沒有，也就沒有放在心上。

翌週教案發還，兩節課堂中間的休息時間，第二位學生拿著我剛剛發還的教案，帶著她的死黨同學，也拿著發還的教案，一起前來問我：「老師，上星期你寫說她的教案設計得很棒，這星期你也寫說我設計得很棒，但是她的有加蓋『啵棒』章，我的卻沒有，我的教案跟她的相比，是不是有什麼不同？」

為師者最忌諱被學生認為大小眼、不公平，因此我連忙向她們解釋，蓋章其實只是湊巧隨興的，把前述原委跟她們說一遍，並一再特別強調她的教案設計跟死黨同學的「一樣好」，那第二位學生方才釋懷。

學生前來詢問的當下，我著實嚇了一跳。不過，後來想想，卻也覺得高興。因為從這件意外的小插曲中，我發現加蓋乖寶寶印章這個做法發揮了效果，因為大學生頗為在乎這些印章所傳達的訊息與意義。

頒贈獎卡、獎品或獎狀、證書

在中小學時期，學生有較多的機會獲得學校或教師頒贈獎卡、獎品或獎狀、證書，進入大學之後則罕有這樣的經驗。雖然大學生的學習應該脫離對物質或非物質外在酬賞的依賴，但畢竟人性還是喜歡被獎勵，因此大學教師適當頒贈獎卡、獎品或獎狀、證書，將可以發揮肯定、鼓勵學生的作用，並且也有助於師生關係的建立與維繫。

獎卡與獎品

我製作獎卡並購買獎品頒贈給學生，主要有兩種對象：一種是「學習績優」，獎勵對象就是階段性評量考試成績名列前茅或績優的學生；另一種則稱為「自我評量百分百」。自我評量百分百意思是指我的部分課程會在教學平臺上建置線上自我評量試卷，規定或者鼓勵學生課後複習當週的課程內容後，能夠善用這些自我評量試卷，強化或深化自己的學習。由於這些課後線上自我評量試卷，目的在引導學生精熟學習單元的重要內容，因此允許學生反覆多次施測，最好能夠做到所有試題都能正確答對為止。自我評量百分百獎勵的對象，就是那些能把該階段各週所有自我評量試卷均按時完成，且每一份試卷都達到一百分、完全正確後才終止練習的學生。

圖五

學習績優以及自我評量百分百的獎卡（如圖五），也是以第六章介紹的方式自行設計製作。至於獎品則通常購買學用品，最常購贈的就是筆記本，有時候為求有所變化，也會選擇一些小飾品，例如：裝飾用的瓶中信、雞蛋花、小布包、柴犬貼紙等。在「班級經營」課程的某項測驗中，加碼提供學科相關的參考書籍一冊給某項評量表現最績優的學生。當有多位學生同分時，則採取猜拳方式，勝出者可以獲得這額外贈與的加碼獎品。

獎狀或證書

大學教師可以結合課程，針對競賽性、資格性的學習活動或者學習評量，製作獎狀或證書，發給表現優良或合格的學生個人或小組。

獎狀或證書的製作可以到坊間稍具規模的文具店購買適用的空白獎狀或證書，在電腦上編輯設定好內容，例如：受獎受證學生的姓名、事由、圖案以及年、月、日等，然後以電腦印表機套印文字；或者在網路上搜尋可用的空白獎狀或證書圖檔，整合嵌入所需的文字或圖案之後，以印表機彩色列印，必要時加蓋印章，然後加以護貝，即可完成一張「很像樣」的獎狀或證書。當大學教師在獎狀上加蓋自己的大印章或簽名章時，或許頓時會覺得自己彷彿就像是大學校長一般。

這樣的獎狀或證書雖然只是由授課教師銜名製發，但是部分大學生也頗為重視。例如：我過去曾在「鄉土語言與教育」課程安排「鄉土棒球賽」的知識問答小組競賽，當時即製作獎狀頒發給優勝的前三名小組。由於是小組性質，原本針對小組頒發獎狀一幀，學生跑來與我商量，徵詢是否能夠發給小組成員每個人一幀，讓他們可以各自獲得並保存。這樣的要求也顯現出獎狀確實受學生重視，也發揮了一些作用。

獎狀或證書的運用時機較為有限，因此使用機會相對較少。有時候，獎狀也不一定要實質頒予，只要賦予名稱即可。在某些有多次評量考試的課程中，我仿效並改良中小學的進步獎，設定某種標準，只要當次評量考試的成績表現比前次進步若干分數以上，分別可以獲得某種等級的進步獎。例如：進步超過三十分以上者稱為金牌獎，進步超過二十分以上者稱為銀牌獎，進步超過十分以上者則為銅牌獎。這些進步獎並沒有實質頒發獎狀，僅是在教學平臺上公告得獎名單，藉此肯定學習有所進步的學生。

至於證書的部分，目前尚未實際採用。但預期最近將會配合服務單位落實師資生教學實務能力檢測的推動，在我擔任的「課程發展與設計」與「學習評量」等課程中，請師培中心頒發證書給課程設計、評量設計實作達到檢測標準的學生。這些學生中有特別優異者，則另外加頒獎狀。

第九章 日常關懷與親善活動

師生關係的建立與維繫可以從日常接觸的小事著手，例如：課堂進行完一個教學段落，預備轉換到下一個段落的空檔，在兩節課堂中間休息時間或課堂結束後，或者在校內外偶遇學生，接待前來研究室的學生時，大學教師都可以關心學生日常生活的點點滴滴。此外，也可以善用一些或創造一些實體互動的機會，有意識的實踐溫暖關懷、親善親近的作為。

關懷日常生活點滴

在食的方面，例如：可以跟學生聊一聊他們三餐通常如何用餐、習慣吃些什麼。如果教學對象是進修部學生，在夜間上課，也可以關心他們下班匆忙趕赴學校上課，是否有正常用餐等。在校園用餐偶遇學生，在學生不排斥的前提下，可以邀請學生同坐，甚至特意多點一些菜餚，分給共餐的學生。少數教師課後正好是用餐時間，師生偶而可以同赴餐廳聚餐，但要注意避免都是由學生買單，形同總是叫學生請客。

在衣的方面，例如：季節轉換或天候變化劇烈時向學生噓寒問暖，關懷學生的衣著，建議學生採取洋蔥式、玉米式穿衣法。此外，在研究室可以準備幾把堪用的舊傘，偶遇雨天而學生沒有帶傘時，即可借給或送給學生。

在住的方面，例如：大地震發生過後，問候學生住家一切平安，聊聊有無災損。也可以關心住校或校外賃居學生的居住狀況，我曾跟學生聊到，如果在外租屋，最好不要租那種騎樓停放一排機車的老舊公寓，因為歷來新聞報導常聽到這樣的公寓有被縱火卻難以逃生的危險。如果兼任班級導師，不妨偶而前往學校宿舍探望導師班級的學生，特別是重要節日沒有返鄉的留宿學生，教師若應景的帶點粽子、月餅去看望學生，更會讓學生感動難忘。

在行的方面，例如：可以關心學生上下學的交通方式、通勤所需時間以及安全事宜。叮嚀學生雖然要準時到課，但也請他們仍以交通安全為首要，不要因為趕赴課堂而發生意外。上下班路上，無論徒步或者搭乘大眾交通工具，偶遇學生，可以同行、同坐並且閒聊。若沒有倫理或其他疑慮，開車的教師可以偶而順道載送學生一程。

在育的方面，除了努力任教學科的教學之外，在不會不當干涉或影響其他教師的前提下，可以適切關心學生其他學科的學習。也可以積極關心學生未來要參加的研究所推甄申請、證照考試或者就業準備，給予加油、打氣與祝福，或者提供自己對這些學科學習、應考準備或求職甄選的經驗心得或策略建議。更進一步，對那些臨將應考的學生，在考前致贈包種茶、粽子、V字勝利手指、追分成功車票、考試順利護身符（御守）等，傳達對學生順利金榜題名的祝福。有一回，在教室一角看見一位學生閉門刻苦準備教師甄試，我去超商購物即順道買兩瓶雞精，回來送給她補充體力元氣。

在樂的方面，例如：可以適度瞭解學生的一些次級文化或流行文化，在課堂或課餘，聊聊最近的當紅戲劇、動漫遊戲、網紅明星等，拉近師生之間的距離。對某些運動項目有興趣的教師，在校園遇見例如在玩籃球鬥牛的學生，不妨下場加入學生的遊戲賽局。

除了前述食、衣、住、行、育、樂等日常生活之外，大學教師也可以留意學生的身心健康、特殊偶發事件，給予關心、慰問、建議或實質協助。例如：學生因喪親請假時，不忘請其節哀；學生因傷病請假時，不忘祝福其儘速康復，日後還可以追蹤詢問其康復狀況。女學生常因生理期感到身體不適而告假，回覆時都祝福她們儘速恢復安適。

在與學生閒聊時，大學教師可以分享身心健康資訊或者個人經驗。對於學生某些不利健康的行為，也可以給予善意提示。例如：在課堂上看到不少學生桌上都擺著時下流行的茶飲，不時拿起來啜飲一口，我在課堂活動轉換的休息空檔，跟學生聊這個話題，提示學生想一想，他們的茶飲裡有多少塊方糖的糖量，而且三不五時的啜飲一口，是不是無意間讓口腔總是處於有糖分的酸性狀態，會不會對於牙齒健康有不利影響。

學生若有情傷、心理適應方面的困擾，大學教師雖然未必具備心輔專業知能，不宜任意對學生做心理諮商，除了建議或必要時轉介其尋求專業協助外，仍然可以試著給予適當的同理關懷。例如：有位學生陷入憂鬱症的狀態，雖然已經尋求校內外心理諮商與醫療藥物的協助，但是身心與學習狀況仍不太理想，因此向我坦露，請我能夠知悉、諒解。我告訴這位學生，過往我也有一段時間曾受身心症狀之苦，能理解那種身不由己的不適感受，所幸當時不忌諱尋求醫療協助，因此很快的得以度過。藉由分享自己也有類似經驗，同理該生的處境，肯定並鼓勵該生持續願意尋求協助，並祝福她慢慢能夠度過，而對於她目前的學習狀況則會給予適當的通融，請她一切以照顧好自己的身心為優先考量。

對於已有職業或者部分時間打工的學生，可以關心其工作性質、職務負擔，或者職業安全問題。若知悉學生遭逢重大變故或經濟困頓，除給予安慰關懷之外，可以進一步提供實質協助，幫學生度過難關，包括指引其透過管道尋求急難救助、貸款或申請獎助學金，提供校內外或自身的工讀機會，給予某些減免，例如：免收教材印製費用，甚至量力直接提供經濟資助也可以。曾有一次，看到某位在辦公室工讀的學生，中餐的便當除了白飯之外，配菜僅有一道蔬菜，頗感鼻酸，辦公室同仁私下告知該生家庭處境，後來拿了一萬塊錢給該生，請她能夠好好吃飯，注意營養與健康。

近年有些學生會申請一些機構的計畫方案，例如：下鄉對中小學學生進行食農教育，這些方案的執行需要另外再爭取一些捐款，若有學生前來或寫信募款，大學教師可以酌予贊助。

除此之外，大學教師可以適當的請學生幫忙勞務，藉此接近學生。例如：有較大量或沉重的書本、簿冊、教材教具等需要搬運，有時候教師自己一個人其實也勉強搬得動，但可以刻意邀請幾位學生幫忙，請學生分擔一部分，教師自己也還是分擔一部分，師生共同協力搬運。在搬運的過程中，教師即可與學生閒話家常，交談互動，搬運到目的地之後，則給予口頭感謝，或者順手拿些小吃食給學生以示酬謝，這樣雖然是勞動學生，但反而很有機會創造良好的師生互動經驗。

幽默風趣鬧學生

幽默風趣是學生相當喜愛、排序位居前茅的教師特質之一。大學教師在學術、研究等層面應該嚴謹，但是在課程教學及與師生互動等層面，則不需要維持嚴肅、古板的夫子形象，適度展現幽默風趣，對於師生關係的經營將會有正面助益。

針對學生的某些言行，大學教師可以用幽默風趣的方式予以回應。當然，這高度仰賴教師的臨場機智與幽默素養。有一回班上有位比較活潑的男學生鬧著要我提供我女兒的聯絡方式給他，他說他很想跟「教授的女兒」交往看看，我不知哪來的靈感，淡淡的回他一句「抱歉，我只是副教授」，全班都哄堂大笑。

大學教師也可以主動對學生發動一些幽默風趣的言行，活化課堂氣氛。曾經聽一位中學教師說，一位好的教師「不僅要能『管學生』、『教學生』，最好還要能會『鬧學生』」。這個「鬧學生」，就是教師主動展現幽默風趣言行的好注腳。

所謂「鬧學生」，例如：在愚人節，先發制人的開學生一點無傷大雅的玩笑，或者在平時的某些時機，說一些讓學生有點哭笑不得的玩笑話。相較於西方，國人的文化比較不習慣幽默，大學教師要能創發出一些幽默言行較為困難，不妨參考沿用或改編自己曾經見聞的幽默事例。

我最常在學生要接受評量考試時，開開這類小玩笑。例如：評量考試前一週，在課堂開始時說有兩件事要宣布，一件好消息、一件壞消息，問他們要先聽哪一種？學生多半要先聽壞消息，再聽好消息，我就說：「壞消息就是下禮拜要舉行期中考試，好消息就是當期中考試結束，寒假（或暑假）就不再遙遠了！」眾所周知，這句話的靈感來源即出自「冬天來了，春天還會遠嗎？」

又例如：我曾經告訴學生，下週的評量試卷我已經完成命題（若考卷當時正好在手邊，則把考卷抽出來一點，讓學生遠遠的瞧一瞧），再問學生想不想看考卷出了哪些題目？學生都會興匆匆的表示想看、要看，我接著就說：「想看？沒問題！下禮拜考試時間到了，每位同學發一份，你們可以好好的看兩節課！」另外，我也曾開玩笑的告訴學生：「下週的考試，老師佛心來著，大發慈悲，你們只要有寫就有分，就算空白沒寫，我也會給分。」學生乍聽之下，興奮又詫異的問：「老師，你會給幾分？」我便幽幽的說：「零分。」這些戲謔話語都不是我發明的，而是從笑料相關書籍或網路上看到而運用在課堂上。

這些幽默風趣的玩笑，偶一為之，學生雖然哭笑不得，但是對這樣會來點幽默風趣、戲耍言行的大學教師，學生通常還是會有正面的印象。

特殊的教學活動

大學教師一般都在教室中授課，若配合課程之需求，課堂可以移至教室外其他地方。例如：教授「創意」相關課程的教師，帶領學生前往文化創意園區參訪。戶外教學不一定要去距離學校很遠的機構或景點，特別是考量學生前後還有其他課程要上課，因此大學教師可以優先將校園鄰近或校內的地點納入考量。例如：教授「環境保育」課程的教師，帶領學生前往學校附近的溪流實地踏查，或者教授「史蹟」課程的教師，就帶領學生訪查校內建校迄今的歷史人文痕跡。

人們對自己生活範圍周遭的某些事物，相對於遠道的外人，反而未必熱衷，或者會接近利用，就如諺語所說的「北港媽祖興外庄」，北港本庄的人參拜媽祖的熱情往往不及外地人。大學生也是一樣，大學四年讀完，學校附近一些寶貴的自然、社會或人文相關景點遺跡、社教場館或地方產業等，若沒有人帶領，可能一次都沒有踏進去過，走過、路過，偏偏就是錯過。例如：東吳外雙溪校區的學生，大學四年期間，不曾到過周遭的故宮博物院、士林官邸、芝山岩的不計其數（唯一不會錯過的大概是士林夜市吧），這樣的現象十分奇怪卻又常見。

無論去或遠或近的地方戶外教學，相對於教室內的授課，這樣的上課經驗不但可以開開學生的眼界，舒筋展骨，更重要的是，大學教師在這戶外教學歷程中若能展現專業知識，例如：精彩導覽、精闢解說，或者營造若干課堂授課不會有的師生互動，例如：輔以輕鬆有趣的活動或吃食，通常更能讓學生印象深刻，長久記憶，也會有利於增進師生關係。早些年我會安排的戶外教學，是帶學生前往芝山岩踏查。因為我對芝山岩做過一番研究，而且親自履勘過好幾遍，因此可以在兩小時內帶學生走一圈，並給予詳細有趣的導覽解說。而活動過程中提供學生飲料，活動結束若時值中午，則在山下的小吃店與學生共餐。

另一種可以偶而考慮實施的戶外上課方式，與課程內容需求無關，單純的就是換一個空間或情境。例如：某段時期連續陰雨或者酷寒，一旦天氣放晴、氣溫回暖，教師將教室移到戶外，帶領學生到冬日暖陽下，邊晒太陽、邊上課。雖然這樣的上課方式，不易使用特定設施、設備，也容易受到周遭噪音干擾，師生講話的聲音容易散失，甚至上課氣氛趨向慵懶鬆懈，但酌減當日授課分量，偶而為之，應該無妨。但是這一、兩堂上課的經驗，學生通常會印象深刻，對於增進師生關係也有若干助益。

舉辦或參與交誼活動

若行有餘力且有意願，大學教師可以突破課程或課堂時間的限制，仿效導師對於導師班級的學生一般，舉辦師生交誼活動，邀請任教班級學生參加，或者知悉學生有某些活動，主動的或應邀出席參與。

過往的年代，大學師生常有「去老師家包水餃」的經驗，現在似乎甚少聽聞，但是如果適當，今日的大學教師還是可以這樣做。若不方便邀請來到家裡，也可以在校外聚餐。因地緣之故，在貓空纜車啟用以及大貓熊團團、圓圓來臺之後不久，我曾舉辦「動物園與貓纜踏青行」及「讓我們看猴去」活動，邀請當時幾個任教班級的學生及導師班級的學生自由報名參加，加上我的小孩，十幾二十位師生一起逛動物園、搭乘纜車，然後在貓空山上的茶飲餐廳用餐，氣氛輕鬆愉快。

除了舉辦活動邀請學生參加之外，任教班級的個別學生或團體，若有某些活動邀請教師參加，或者教師自行得悉，也可以適度的參與。例如：學生舉辦敬師或謝師餐會，教師應邀出席；學生舉辦個人音樂發表會，教師可以前往聆聽，若無法參加，則預祝其演出成功；學生班級參加運動或其他競賽，教師到場邊觀賽、加油等。大學教師參與個別學生或團體的這些活動，除了考量自己的時間之外，也要斟酌情境決定停留時間，有些活動最好全程參與，有些活動則參與一小段時間之後即以另有他務告辭離開，以免大學生因為有教師在場而感到放不開，玩得不盡興。

師母、師弟出馬

大學教師經營師生關係，除了主要靠自己的努力之外，也可以請「師母」（或師丈，意指配偶）、「師弟」（意指子女）等家人出馬，來創造另類的效果。

大學教師引進家人以輔助師生關係經營，最基本的做法就是「有節制的」與學生適度談談自己的家庭與家人，或是在教學平臺、線上社群張貼家庭或家人動態的照片或影音。

我子女中的老三，在家庭成員並沒有人講話是字正腔圓的環境下，從幼兒期開始會講話迄今，**ㄓㄔㄕㄖ**捲舌、**ㄗㄘㄙ**不捲舌，絕對不混淆。此一現象我迄今仍百思不得其解，偶而就會與學生聊這個話題，問他們是否真有前世今生？還是由哪個我沒有想到的因素所造成？探詢他們對此一現象的看法，看看他們是否有什麼可以說服我的解釋。

大學教師可以視時機帶自己的配偶及子女，到學校與任教班級或導師班級的學生接觸互動。大學或大學生有時候會在假日舉辦活動，甚至自己也選在假日舉辦班級活動，教師即可帶家人一起出席，一方面陪同學生，另方面又可兼顧陪伴家人。這樣的活動參與，主要以導師班級為主，但大學教師攜家帶眷到學校，在校園巧遇任教班級的學生，有時候就會趨前來打招呼，並且與自己及家人合影留念。

子女年紀稍長，就讀幼兒園大班或小學之後，若自制能力還不錯，不會對班級課堂產生太大的干擾，大學教師甚至可以偶而將小孩帶到課堂中。我家老三就讀小學時，有很多次因為學校在週末假日舉辦校慶、運動會或園遊會，週一依慣例補假，而我在大學則有排課，我就把他帶到學校課堂，一方面讓他看看爸爸平時工作的樣子，一方面也想藉此製造一些不同的班級氣氛。當大學教師帶著一個小孩進入大學課堂，很多大學生一看見，眼睛就會為之一亮，紛紛表達好奇。有一次，時值歲暮年終，我將小孩帶到課堂，在兩堂課中間的下課時間，讓小孩扮演「耶誕小弟弟」的角色，把前一天晚上預先購買的一大袋糖果，走到每一位大哥哥、大姐姐座位旁邊，逐一分贈給他們。

善用子女幫助大學教師做「小孩公關」，必須趁子女年紀還小的時候。對大學生而言，通常以小孩小學畢業前為佳。小孩年紀漸長，上了國高中之後，跟班上學生的年紀差距縮小，這樣的效果通常就會遞減。此外，小孩本身也已經不太願意再跟隨父母到處跑了。

大學教師適度的與學生分享閒聊家庭和家人，帶領家人參與學校或班級的活動，甚至進入課堂，只要不過度，不造成負面影響，都有機會可以發揮多重效益。一方面，在當下可以讓大學生覺得新鮮有趣，營造特殊而歡樂的氣氛，家人或子女也會因此獲得一些成就感。另方面，讓家人或子女有機會到學校，進入班級，去看我們授課，是一種溝通或教養的安排，讓他們能夠認識父母家人的職業，以及工作狀態之一二。再者，部分大學教師比較不擅長人際互動，如果配偶及子女的人際關係能力不錯，在與學生互動時，能夠親切交談，多所關懷，也可以彌補自身的一些弱點，為自己加一點分。

更特別的是，除了當下的效果之外，往往還會產生延續性的效益。任教班級學生與我們的家人有互動經驗之後，在後來的日子裡，某些學生遇到我們，就會說：「老師！你兒子好可愛喲！好好玩喏！」「老師！師母如何如何……」換言之，師生就會拿家人、小孩當談資，創造更多閒聊的話題。

第十章 成本效益與信念展望

本篇前面各章，依序討論了大學教師為何應該積極經營師生關係，遭遇的困境及可能的對策，並且提出若干具體的方法與實踐經驗。部分大學教師或許因此已然躍躍欲試，不過可能也有部分教師還是抱持觀望保留的態度，質疑前述種種作為是否會花費教師諸多成本，以及是否真能產生效益。對此，本章再就大學教師經營師生關係的成本、效益，以及可以或應該抱持怎樣的信念，再做一番討論。

成本

大學教師經營師生關係勢必要額外花費若干時間、心力，方能具體實踐。世間不太存在那種不用付出任何努力，就可以憑空獲得的成果。不過，依據我個人實踐的經驗，師生關係經營應該還不至於耗費太多的時間、心力，大學教師應該可以承擔與接受。

第一，本篇介紹諸多師生關係經營的具體方法，大學教師可以量力而為，並非一次就要全部採納實施，可以先挑選其中一、兩項自己認同的、可以做得到的，或者調整實施的頻率或規模，酌降實踐的程度，嘗試著來實施。當現有經營作為已經駕輕就熟、行有餘力，內化成為自己教學中非常自然且習慣的一部分，並深刻感受到其中的價值或效益之後，再逐步漸進的加入其他尚未採行的項目。

第二，許多師生關係經營作為都是在教師本來就要做的事情之上，做一點附加或延伸，例如：經營平臺或社群，批改作業、報告或評量試卷時多寫幾個字，以及加蓋乖寶寶印章等。即使是額外實施的，例如：蒐集閱覽學生基本資料、設計製發電子卡片等，通常都只需要多花個十分鐘、半個鐘頭即可完成。至於撰寫信函文章、回覆提問表單、製作獎卡等，需要大約三、四個小時或更多一點時間，但是實施次數並不頻繁，應該仍可撥出時間為之。

第三，第一次實施某項師生關係經營作為時，因為欠缺經驗，會稍微費時費神，但是運作日久，逐漸熟悉，很多作為都可以在短時間之內完成。舉例來說，電子卡片或圖檔的製作，通常都可以在十分鐘之內完成。寫一篇給學生課餘參閱的文章信函，如果已經醞釀好靈感，通常兩個小時之內可以定稿。大學教師不可能一天二十四小時都在做研究，可以利用若干零碎時間來處理這些師生關係經營作為，就某種意義上，這也可以當作是枯燥忙碌生活的一點「休閒」或「調劑」。

第四，某些師生關係經營相關產出可以重複使用。例如：設計的學生基本資料調查表、師生交流表單，或者是各式各樣的電子卡片或圖檔，均可以在適當時間重複或反覆使用，無須重新設計，或者僅需做一點微調，即可再用。

第五，教師可以善用某些人力資源協助處理部分經營事項，例如：電子卡片或實體卡片的製作、獎品的購買，大學教師可以藉由教學助理、配偶、小孩或者其他人力，來協助自己處理這些勞務，更快速有效率的完成之。

大學教師若能把握前述幾個要點，則師生關係經營所需耗費的時間、心力與相關擔憂，應該就可以大幅減除。

效益

大學教師努力經營師生關係是一件關乎教育實踐的事情，不太應該變成是學術研究。如果大學教師在經營師生關係的同時，還進一步發問卷、實施訪談，蒐集各式各樣的學生反映或其他證據資料，做質性、量化的統計分析或資料歸納，提出研究發現與結論，然後尋求投稿發表，以累積自己的學術績效，雖然不能說絕對不行，但卻也有一種說不出的奇怪感受，不知是否會讓人們質疑教師的這些作為其實是基於學術研究目的而發動的「矯情」作為，而非發自內心真誠的對待學生。

大學教師若能真心付出，實踐師生關係經營作為，基本上可以達到本篇第一章提到的幾點效益，包含：提升教學績效，讓難得的師生緣分有機會恆久維繫，並且踐履大學教師完整的角色職責。除此之外，還可以因為積極的師生關係經營作為，展現出「高關懷」的一面，平衡或緩衝教師因為「高倡導」而可能造成的負面影響。

管理學或領導學領域有若干關懷與倡導相關理論，以美國俄亥俄州立大學「領導者行為描述問卷」（leader behavior description questionnaire, LBDQ）研究為例，「倡導」指領導者制定嚴謹的規章制度、工作程序及角色責任，嚴格要求部屬遵行或達成；「關懷」則指領導者能關心、瞭解、尊重或信任其部屬，經常與部屬溝通交流訊息想法。在「倡導」與「關懷」高低兩向度所構成的四種類型中，研究顯示「高倡導×高關懷」的領導較能增加生產力及部屬的滿意度。

認真的大學教師對於課程、教學與評量的安排，基本上都會趨向「高倡導」。制定嚴謹的授課計畫，詳細規範學生的出席請假、活動參與、學習態度、作業報告或者評量考試，並且遵照預定的課程進度實施教學，隨時檢視教學進度與成效，必要時給予學生提醒與督導。

除此之外，對於學生的學習，認真的大學教師通常也會抱持較高的水準。例如：對於學生的報告或習作，會要求依據時程，繳送初步構想、第一次初稿版本、第二次修訂版本、第三次修訂版本，審閱之後回饋發還，學生後續須依據回饋意見來來回回的一再設計、修訂，最後始能定稿。或者，對於學生的基本功，會主張每一位學生個別練習，杜絕學生群組合作中往往會有的社會閒散現象。即使安排分組合作學習，會明確禁止學習任務僅由少數學生擔綱，其餘學生搭便車、坐享其成，學習告一段落會實施組內同儕互評，以忠實反映歷程中個人的參與度與貢獻度，彰顯真正的績效責任。而在評量方面，為督促學生精熟掌握學科的基礎概念知識，通常會安排更頻繁的考試，並且確保學生真正有念書，而非取巧猜題，或者僅憑常識洋洋灑灑長篇大論，即可應付過關。考試完畢，還會要求學生針對錯誤疏漏之處進行訂正。

我個人的課程教學與評量即相當程度的符合前面的描述，因此可以想見學生修讀我的課程負擔頗重、壓力頗大。照理說，這樣的教學安排或風格不會受到學生歡迎，很容易成為學生心目中最「顧人怨」的教師。不過，一直以來，修讀我開設課程的學生基本上都能接受，甚至還有不錯的評價。一般大學生在選課前，多半會到處打聽，而我擔任的課程經常是那種學長、學姐會「警告」學弟、學妹要有會很辛苦的心理準備，但卻大力推薦他們選修的課程。學校其他系所的系主任或教師，在與我碰面閒聊時，有時會轉述該系學生對我多有正面評價的見聞。而學生每學期期末對教師進行教學評鑑，我擔任的學科在五點量表中絕大多數都在四．五分以上，也因為教學反應還不錯，我進一步有機會被推薦，並在九十六、九十九、一〇一、一〇五、一〇六、一〇七、一〇九、一一二等學年度，八度獲遴選為東吳大學教學優良教師。

為何嚴格且辛苦的課程教學與評量仍能獲得學生正面的評價，除了我認真努力教學，讓學生覺得確實能學到一點東西、有實質的獲益之外，師生關係經營想必也發揮了相當重要的作用。這些積極的師生關係經營作為展現出「高關懷」的一面，讓學生意識到這位老師不是苛刻，不是眼中只有成績，更不是只關心自己的升等、升遷，而是願意付出時間、心力在他們身上，關注他們課業與非課業的種種，給予他們生活、生涯、生命若干啟發或指引。「高關懷」相當程度的緩解了「高倡導」原本帶給學生的負面感受，整體而言，亦即展現了「高關懷×高倡導」，進而能獲得學生的認同與肯定。

信念支持

師生關係的經營是長期且反覆的努力歷程，而且教師未必能夠及時看到經營的成果。因此，亟需有適當的信念來支持自己永續經營。

做，就對了，就有差別了！

我個人認為，大學教師對於師生關係經營可以或者應該抱持下列兩項信念：

第一，對的事，做就對了。大學教師只要認為積極經營師生關係，理念上是正確的，是大學教師應該做的，並且合理相信對於提升教學輔導成效、維繫師生恆久緣分、踐履大學教師應有角色職責、實踐教育愛的理想價值、成就一位更完整的大學教師等，會有一定的作用，那麼，對的事，做，就對了！

第二，只要能夠影響百分之五的學生，就值得繼續做下去。在大學師生關係疏離，學生對教師的作為通常冷漠以對的環境下，花費時間、心力經營師生關係很難「一分耕耘，一分收穫」。但只要仍能發揮若干效益，大學教師都可以用更為正向的態度來思考，並且繼續努力為之。網路上流傳一則名為「搶救海星」的故事，故事內容大致如下：

有一天黃昏時，我的朋友在一個人煙稀少的墨西哥海灘散步，走著走著，他看見遠方有一位當地的墨西哥人正不斷地從地上撿起一些東西，並丟向海中，等他走近時，他發現這個墨西哥人撿的是海星，這些海星被海浪沖到岸邊，而這位墨西哥人正一個一個地將這些海星撿起並丟回海中。

我的朋友覺得很疑惑，他問這位墨西哥人說：「先生，你好！請問你在做什麼？」「我要將這些海星丟回海中，現在正在退潮，如果我不將它們丟回海中，它們會缺氧而死。」墨西哥人答道。

我的朋友說：「我知道，但這海灘上起碼有上千隻海星，你是不可能將它們全丟回海中的，而且在這沿海又有多少海灘，每個海灘都發生同樣的事，你這樣做和沒做又有什麼差別？」

這位墨西哥人聽了，微笑並彎腰再撿起一隻海星丟回海中，回答說：「你瞧，對這隻而言，就有差別了吧！」

「你瞧，對這隻而言，就有差別了吧！」這句話對大學教師有著很重要的啟發，也一直是支持著我經營師生關係的重要信念。

在搶救海星的行動中，若將目光焦點放在那些搶救不及的海星上，結果是消極放棄所有的海星，任其通通死亡。若將焦點放在那些來得及搶救的海星上，我們便會有所行動，最終至少讓部分的海星獲得重生的機會。

大學教師經營師生關係也類似如此。如果總是想著我的作為似乎無法影響太多的學生，學生不一定會樂意書寫提問表單、不一定會看我們所寫的文章，對我們加蓋乖寶寶印章或頒贈獎卡、獎品無動於衷，那就可能會放棄所有可能的作為，其結果就是所有學生都不會受到我們正向的影響。

相對的，如果轉換想法，認為即使百分之九十五的學生對我們的所作所為沒有什麼反應，但只要有百分之五的學生能夠有所感應，對他們可以產生正向的影響，雖然很少，但我們就值得為這百分之五的學生繼續做下去。

學生的迴響

雖然說「百分之九十五的學生對我們的所作所為沒有什麼反應，只有百分之五的學生能夠有所感應」，但這只是一個極端的比喻。依據經驗與線索，實際情況並沒有那麼令人沮喪。例如：在「雙溪左岸」這個我與學生書面交流互動的表單中，修課學生寫了下列文字：

> 感激光眞老師，光眞老師是在下目前看過最認眞的大學教授，設計卡片、題庫、設立家族，甚至提醒要多穿點衣服，社工系的同學都給老師很正面的評價，包括我在內，眞的是有夠認眞的老師。呵呵！我不是在拍馬屁啦！只是看到老師from教學原理的信，有感而發。上老師的課考試固然多，但是您的認眞，眞的是讓人感動莫名，想給您點回饋。老師，辛苦您了！

一直很想謝謝老師，因爲老師一直讓我感受到「老師的模範」。老師一定不知道我都用不愧是「老師的老師」，來介紹我們師培中心的光眞老師。我想，我一定不會忘記老師的「身教」。

從進學程起就很喜歡老師的教材和上課方式，一步步都很穩健踏實，我也常在課堂中觀察，學習老師的教學方式或班級經營技巧。老師的熱情及感染力，讓我更期待走上教職之路。謝謝老師總是在moodle上更新鼓勵小語，每週的都很激勵我，也很喜歡老師常常製作考後的績優小卡和小禮物，太用心了。老師是我的標竿和榜樣，希望未來我也能讓學生感受到用心與關心。

我在國中課後班不知不覺待了快一學期，這學期中我著實運用了不少課堂學到的技巧，也得到了不錯的回饋。我試了老師說的金、銀、銅牌獎，我看到學生領到獎狀的神情就覺得值得了。我也學老師在考前與學生一對一談話，對每一位孩子做考前分析與鼓勵。學校方面很驚訝我的付出，還請我寒假繼續待下來服務。能被肯定很開心，這邊要好好謝謝老師呢！

此外，有更多學生在第一時間羞於當面表達，但在他們畢業多年之後，透過卡片或電子郵件與我聯繫時，寫了下列文字：

畢業後這麼多年，想起老師對我們的愛護和教導時，心裡總是彷彿有一道暖流流過，當時老師對我們的嚴格要求，其實背後的目標是為養成我們認真的學習態度和端正的人格，到現在一想起您的身影，我們都還是深深被您的風範感動。

校長拿起麥克風，誇獎了我一番，她說：「這是在行政實習中，最有口碑、最受誇獎的實習老師，常常都是笑臉迎人，做事認真。」她只誇獎我一個人。這樣的榮耀，我第一個就想和您分享。……因為您的一句話，而讓我改變了我的態度。我記得是在鐵皮屋上班級經營的時候吧！老師您說：「不知道你們是怎麼樣，但是以我的個性，在一個環境裡面，我會想要做一個很突出的人，而不是平平凡凡。」那時候，我就告訴自己，我也要變成一個跟老師一樣的人。……所以，我真的要好好謝謝老師您的教誨。

謝謝老師的文章分享，其實我每次看了多少都有所感觸，只是不好意思回信給您。閱讀老師所寫的文章，總能讓我擁有更大的勇氣面對未來的生涯規劃。對於將來，我也已規劃幾個方向，也期許自己可以朝這些方向繼續努力，不因幾次挫折失敗而放棄。

在教學與行政工作忙碌之餘，我拿起老師的著作《老師的三十六封信》，現在又看了一次，發現獲益良多，也不曉得是真的到現場還是身分做了轉換，感觸真的很深！在休息時間想起老師，特別寄封信跟老師分享，也謝謝老師的教導與送我這本著作。

即使都離開學校那麼久了，可是老師以前在課堂最後發的A4心得分享（註：指的是老師的N封信那些文章），都一直是我的寶物唷！每次閱讀後的感覺都不太一樣，總覺得有人可以瞭解我們內心的想法、處境，總是可以激勵人心繼續勇敢踏步往前走。謝謝老師一直以來對學生的細心、耐心和教誨。

謝謝老師在大學時代的教導，讓我在不惑之年，長成自己喜歡的樣子。

從學生各式各樣即時或事後的回饋中可以發現，學生不會全然「無感」，對於我們師生關係經營相關作為有所感受、甚至感動的學生，遠比想像中來得多，可見它們產生了正向的迴響，甚至長期的影響。大學教師曾經對他們寫過、講過的某句話，對他們做過的某些事情，他們當下真的接收到了，而且即使離校多年也還銘記在心，激勵他們繼續奮鬥的意志，甚至會克服害羞心理，把他們的感受告訴我們。因此，大學教師要先願意相信，關於師生關係經營的努力，終究不會白費。

即使有更多的學生還是不曾如同前述學生那樣給我們回饋，但是大學教師可以相信，師生關係經營相關作為的本質就像種樹，或者在一條人生旅途沿路撒下花草種子，我們也許沒有機會吃到果子、沒有機會看到繁花遍野，甚至能不能如我們預期的那樣結果、繁花遍野，我們也不確定，但是我們可以樂觀的相信，多數的學生還是有機會開花結果。重要的是，我們不該因為無法立即看到開花結果，而此時此刻就不種樹、不撒種。

把愛傳出去

所謂「凡走過必留下痕跡」，大學教師可以相信自己的師生關係經營作為，或多或少都會留在學生的記憶中。學生在未來，可能成為別人的主管、老師，可能為人父母，可能經營某個組織或機構，可能領導一群人，屆時某些學生或許會想起並仿效我們的所言所行、所作所為，採取類似的作為來關懷照顧他們周遭的人。

這種人際關懷的傳承，讓我想起《把愛傳出去》（*Pay it forward*）這部電影。電影中，社會科教師在學期初的課堂，提示學生外面的社會並不完美，因此分派一項學期作業，要學生發想並執行一個改變世界的方案，讓這個社會能變得更加美好。男主角初中學生崔佛構想了「把愛傳出去」的方案，他幫助社區中需要幫助的三個人，這三個人不必回報他，但希望他們也去幫助另外三個人，如此不斷傳遞下去，受到幫助而改善生活的人數將非常可觀。這部電影讓我印象深刻，也聯想到如果我們的學生都因為曾接觸我們的師生關係經營作為，而將人際關懷傳承下去，這不就等於我們的影響力事實上已經滲透到了第二層、第三層，我們的影響力無形中更加延伸擴大了嗎？

海倫．凱勒曾說：「生命只有在對別人產生正面的影響效應時，才能顯現它的價值。」人生在世，除了利己之外，能夠有機會去正向影響他人，算是難得的一種際遇，對教師而言，也是最大的一種福報，足以讓我們覺得所從事的教育工作充滿意義。而積極經營師生關係，就是大學教師能夠正向影響他人重要且主要的途徑。

創新、轉化或沿用

在本篇中，分享了大學教師對任課班級師生關係經營的理念與做法，但這只是拋磚引玉、野人獻曝，大學教師還可以運用其他更多元的策略或方法，來經營自己的師生關係。

關於師生關係經營的策略或方法，若能發揮原創精神，發展出前所未有的創新做法那當然最好。不過，要想出原創性的策略或方法通常並不容易，也不太需要，通常僅需參考採用既有的或他人的做法即可。

本篇第三章到第九章所介紹的策略或方法，都可以參考採擇使用。這些策略或方法係基於我的所思所想、所見所聞、所知所行，囿於一己工作領域與經驗之有限，也不可能全部被我說盡。大學教師若知悉有其他未提及的可能或可行做法，只要有助於師生正向關係的建立與維繫，均無不可。

如果可能，大學教師不妨向周遭其他教師觀摩、請益，或者回顧自己的求學經驗，回想自己在過往受高等教育的階段，是否有哪些教師曾實踐了讓自己印象深刻、依然記憶在心的作為。此外，大學教師無須輕視中小學教師，在班級經營方面，大學教師應該向中小學教師看齊，這稱不上所謂的不恥下問，但至少是見賢思齊。

在參考採用既有的、他人的做法時，可以採取兩種模式：第一，轉化調整。本篇介紹的策略或方法，原則上是通用性的，不太會因為公私立、前後段大學，或者院系、性別之類的背景而有所差異；即使略有差異，例如：我個人面對的是師培的師資生，他們可能因為未來準備到學校任教，因此對我在其作業、報告或考卷上加蓋童趣印章會感到興趣，會喜歡教師頒贈獎卡、獎品等，其他學校或系所的學生未必都會有類似的喜好，大學教師可以依自己的任教領域，衡酌任教班級或對象的特質，加以選擇、轉化並調整。而且學生是否接納或喜歡，教師無法事先得悉，因此可以抱持實驗的態度試作看看，觀察學生的反應，再逐步修正調整或取捨。通常最壞的狀況頂多就是學生對某些作為無感，不太可能會產生反彈或反感，大學教師應該可以大膽的實驗試作。

第二，直接抄襲沿用。本篇乃至於其他來源提到的師生關係經營策略或方法，不會有專利或智慧財產權的問題，因此大學教師直接抄襲沿用，通常也是被積極歡迎的。

我曾寫過一篇〈抄襲，也是一種創意〉的文章。抄襲沿用他人做法怎能稱得上是創意呢？在該篇文章中，我認為在大C（指改變整個人類或某個文化的文明發展、知識累積或生活方式）以及小c（指日常生活中的創意）之外，可以另創造一個小小c的概念。所謂的小小c，就是把一些他人已經有的概念或事物，運用到不曾經驗這些概念或事物的對象身上，讓這些對象感到新奇，並且產生正向效果，就可以算是小小c。例如：很多時候，教師只是把一些他人提倡的教學模式或方法運用在自己的課堂，大家都會讚許他的教學展現創意。因此，大學教師把所觀摩見聞的若干師生關係經營策略或方法直接抄襲沿用，用於自己的任教班級或導師班級中，若學生感到新奇，而且也有助於師生關係的建立與維繫，即使並非原創，也未經過改編，但一點也不影響其創新、創意。

甚至，即使任教班級或導師班級的學生過往曾經經驗過相似的師生關係經營做法，大學教師也仍然可以大方沿用，畢竟師生關係經營並不那麼重視創意，最重要的，還是看是否對師生關係的建立與維繫有正面的助益，只要有助益，重複沿用又何妨。

你很特別

透過本篇的介紹，大學教師可以瞭解經營任教班級師生關係的重要性，認識大學任教班級及師生關係的特性，面對困境，尋找解決對策，同時也觀摩了若干師生關係經營的具體方法，期望能開啟大學教師積極經營師生關係的意識與意願，激發興趣與動力，願意做更多元及適應個殊教學場域的思考、設計與實踐。

本篇最後要告訴大學教師一個小祕密。這個小祕密就是現階段對師生關係能有積極思考與作為的大學教師還是相對少數，所以各位老師只要願意在這方面多做一點點，就很有機會帶給學生不一樣的感受，在學生心目中成為一位很特別的優質好老師；而如果大學教師目前在學生心目中已經是一位A級的好老師，在這方面多做一點點，將有機會更上一層樓，成為學生心目中A^+的特優好老師。祝福大學教師都能在不久的將來，成為學生心目中很特別的特優好老師！

第二篇

常規管理

「那個……賈伯斯，你知道吧？」

「喂！喂！喂！幹嘛？沒事不要談敏感的政治話題！」

「誰在跟你講政治，我講的是Steve Jobs。」

「喔！Steve Jobs。怪了？有誰人不知、誰人不曉這號人物？」

「那你覺得他對大學教育，最大的貢獻是什麼？」

「這還用說，當然是他發明了智慧型手機，革命性的改變了這世代的通訊技術啊！」

「不是講這個，我講的是他對『大學教育』的貢獻。」

「大學教育？若說大學教育的話，應該是他於二〇〇五年在史丹福大學畢業典禮上發表的那篇『求知若飢，虛心若愚』（Stay hungry, Stay foolish）演講吧……」

「我聽你在歕雞胿（河洛語之吹氣球，意指吹牛皮），當年他剛發表時，臺灣大概也沒幾個大學生眞正好好讀過那篇演講詞、看過那場演講錄影，更別說是現在這些學生了，他們可能根本不曉得有這回事。」

「那你說，賈伯斯對大學教育最大的貢獻是什麼？」

「老實說，賈伯斯對大學教育最大的貢獻是——他讓大學課堂變安靜了。」

「……」

第一章　課堂常規管理的基礎

大學教師在任教課堂上，期望將最多的時間、心力用於教學，其前提是課堂必須能有一定的常規與紀律。課堂常規與紀律並不是要求全程絕對安靜、嚴肅，但收放之間應能適切自如，否則紀律不佳或秩序失控，教學質量將受到重大的不利影響。

大學生在課堂上常見有諸如蹺課、遲到、瞌睡、吃食、聊天、使用手機、從事其他事務等不當行為，大學教師對這些不當行為理應適當關注，予以規範與管理。大學生在課堂上也不排除有出現諸如口頭或肢體暴力衝突的可能性，大學教師也要掌握適當的應變對策，以抑制傷害的擴大。

由於擁有法職身分，乃至於尊師重道的傳統文化觀念仍然存在，大學教師本然的即擁有管教學生的權威與責任，但要讓這些基於法職或傳統觀念而擁有的管教權威得以發揮，必須奠基在三項重要的基礎上：第一，拿捏適當的師生關係；第二，實施適切的課程教學；第三，訂定合宜的課堂規範。由於訂定合宜的課堂規範可論述的內容頗多，另於本篇第二章詳細說明，本章首先探討前兩項基礎。

拿捏適當的師生關係

建立與維繫積極正向師生關係的理念與做法，請參閱第一篇。良好的師生關係對於課堂常規管理有極大的幫助，不過相對的，也要注意分寸的適當拿捏，教師必須理解師生關係的多樣性，適時使用不同的關係與學生互動或處理學生事務，並且也要省思「亦師亦友」這個概念的合宜性。

良好的師生關係有利課堂常規管理

良好的師生關係除了能讓學生願意跟隨教師從事學習之外，也有助於課堂常規管理，其助益表現在下列幾個面向：

第一，師生關係良好，學生比較不會不理睬教師，使得課堂氣氛冰凍詭異；更不會有學生刻意干擾課堂，製造麻煩，陷教師於窘境。相對的，學生會願意依循教師的期望，表現出合宜的課堂行為。

第二，師生關係良好，例如：教師能認識學生，即使僅是單純的能叫得出他們的名字，學生也會有受重視的感受，而且具有約束力。當學生出現不當行為時，教師能說出當事學生姓名，比起叫不出姓名而只能用手指著學生說出「那位同學、那位同學……」，前者對於課堂常規管理相對具有較高的效能。

第三，師生關係良好，可以奠定教師管教學生的「本錢」。所謂「有多少恩情，方能施多少處罰」。若師生關係惡劣，稍有不當的管教，即可能造成怨懟忿恨，引發學生在私底下抨擊謾罵，或者正式的提出申訴、指控或法律爭訟；反之，若師生關係良好，教師管教即使稍有逾越分寸，多半還是會被學生包容與諒解。

師生關係的多元樣態

良好的師生關係，並不意味毫無界線、毫無準則的親近或親密。「過度良好」的師生關係也可能造成師生互動失去分寸或分際，也就是一般人常說的「爬到老師頭上」，反而不利課堂常規管理，或者有違教育倫理。因此，大學教師有必要理解師生關係的多元樣態，並拿捏好應有的分寸或分際，視情境使用不同的關係與學生互動或處理學生事務。

第一，「吾－汝關係」與「吾－它關係」。當代的教育理念強調學生為教育的主體，此種理念固然正確，但無可否認的，教師也是教育場域另一個重要的主體。依據布伯（M. Buber）的見解，師生之間應為「吾－汝關係」，彼此視對方為地位平等、應該尊重的主體，真誠而開放的互動，並感知對方的期望、感受或觀點。既然如此，大學教師要尊重學生，相對的，大學生也應尊重教師，在課堂上表現合宜的行為，大學教師可以也應該對學生有這樣的要求。

師生關係也不完全排除「吾－它關係」的可能性與必要性，例如：教師仲裁學生之間的衝突糾紛、教師對於學生成績的評定等，就應該摒除不必要的人際情感關係，抱持「吾－它關係」，以客觀、理性、不帶情感、維持適當距離的方式來處理這些事務。在課堂上，若學生不遵守課堂規範，嚴重危害教師或同儕教與學的權益，必要時就應該採取「吾－它關係」來面對與處理。

第二，「人與人之間的關係」與「角色之間的關係」。教師與學生原本是沒有關係的兩種人，但因為教育的緣故而建立了特定的師生關係，因此所謂的教師與學生，都是在「人」這個本體上，外加特定的角色稱呼而成立。大學教師都應該認知自己最根本的乃是一個「人」，然後作為一位「大學教師」，最後才作為一位「大學某某系所某某學科的任教教師」；同理，大學生也應該有類似的認知。在這樣的認知下，一方面，如果卸除角色，就像把身上的衣物脫去，則無論是教師或學生就都是「人」，因此師生之間應該彼此尊重對方是一個「人」，以人與人之間應有的態度來互動。另方面，師生各自附加有特定角色，分別具有不同的角色期待或權利、義務，也不能完全忽視。在課堂上，教師依其角色有權利與義務維持良好的課堂常規紀律，保障師生教學權益，而學生依其角色則有權利與義務要求或遵守合理的課堂常規紀律，並且投入學習任務。

亦師亦友的迷思

長久以來，教育領域常見教師期許自己要與學生建立或維持所謂「亦師亦友」的關係。直覺上，這樣的想法似乎沒有問題，甚至頗為積極正向。然而，亦師亦友是一個定義頗為模糊、做法可能存在爭議、未曾被深思細究，只被當口號一般傳誦的語詞。

首先，所謂的亦師亦友，教師何時為師？何時為友？一般人通常會聲稱教師在課堂上、教學時應對學生為師；在課堂外、生活上應與學生為友。但是，教師在課堂教學時也不一定都要擺出嚴師臉孔，道貌岸然的與學生保持相當的尊卑或距離，教師在課堂上還是可以放下身段或架子，走入學生、接近學生，與學生進行友好的教學互動。相對的，教師在課堂外的其他時空，也不一定就來個一百八十度的大逆轉，變身為學生的好友。教師在課堂外經常還是應維持教師身分，對學生進行教導或監督糾正。由此可見，教師不會單純且固著的依據課堂或非課堂時段，處理傳道、授業、解惑相關事務與否，來界定其與學生的互動身分或角色。若要亦師亦友，其定義與界線其實相當模糊。

其次，教師未必可能或適合成為學生真正的朋友。對大學生而言，真正的朋友應該是與他們同齡，經常可以稱之為死黨、閨密、哥兒們的對象，彼此氣味相投，共享某些俚俗或未必適當的次級文化，平日更多時候是吆喝著一起廝混或吃喝玩樂，互動之間經常免不了某些狎褻舉動、口出穢言、動手動腳、東摸西摸之舉。這樣的朋友關係，大學教師實在不太適合參與，教師若勉強參與或刻意扮演其所謂真正朋友的角色行為，反而有失教師身分，會招致嘲諷或罵名。更重要的是，以同儕為人際主要互動對象的大學生，未必會真的歡迎教師參與這樣的朋友關係。因此所謂的亦師亦友，往往只是教師單方面一廂情願的看法，實際上並不適切也不可能。

基於此，我主張調整亦師亦友的理解與用詞，從亦師亦友修正為「親和的老師」。做一位親和的教師，在身分角色層面，無論是課堂上課或非課堂時段、無論是校內或校外、無論是學生在學期間或畢業之後，無論是處理學生課業學習、常規紀律或生活關懷事務，教師永遠都是學生的老師，不會也無需因時空轉移而變身為學生的朋友。

同樣的，在態度行止層面，無論是課堂上課或非課堂時段、無論是校內或校外、無論是學生在學期間或畢業之後，無論是處理學生課業學習、常規紀律或生活關懷事務，教師基本上都是親和的，會與學生平等互動，但必要時，隨時仍可以或應該展現嚴謹、嚴肅的一面。

改用親和的老師一詞來取代亦師亦友，更能幫助大學教師維持適宜的師生互動關係，避免因誤解而滋生師生分際拿捏不當的困擾。基於此，大學教師亦可認知，即使我們希望能夠拉近與學生之間的距離，但仍然不能忘記教師基本身分與角色，因此課堂授課時，基於教師的身分與角色，即應適切的維持課堂常規紀律，關注或管理學生課堂的不當行為。

建立教師權威

當今的法政觀點已經不太支持師生之間存在「特別權力關係」，轉而主張「平權關係」。雖然如此，教師相對於學生仍應具有某些權威。

權威的種類或來源有諸多說法，大同之間略有小異，歸納言之，大約包含傳統權威（例如：尊師重道、天地君親師等傳統觀念）、法職權威、獎賞權威、懲罰或強制權威、道德人格參照或感召權威、專家專業權威。

在臺灣，因為社會文化與工作職位的關係，大學教師一般都能擁有傳統權威、法職權威，同時也可以依據法職權威，或者自行額外創設並行使合理的獎賞權威、懲罰或強制權威。除此之外，大學教師也可以建立道德人格參照或感召權威、專家專業權威等。教師具備這些權威，方能如同上游的水庫大壩，提供下游住家生活用水一般，在彼此雙向平等互動之下，對學生發揮應有的影響力，以及維持應有的課堂常規或紀律。因此，大學教師在學生面前，也應該展現出各式各樣的權威，而非一味的只講簡單概念的平等、平權。

實施適切的課程教學

良好的課堂常規管理是教學的重要基礎；倒過來說，良好的教學是課堂常規管理的重要基礎，同樣也成立。

教師安排實施的課程教學適切良好，甚至相當豐富精采，學生感到興趣，願意跟隨教師從事學習，課堂自然比較不會有紀律問題；相對的，課程教學安排或實施欠佳，學生感到無聊、無趣或無法理解，他們就會有如電影《侏羅紀公園》（*Jurassic Park*）片頭的名言——「生命總會找到他的出口」一般另尋途徑，透過他們覺得有趣的其他管道或方法來排遣時間，因此就會出現各式各樣課堂不當行為。學生會出現這樣的課堂不當行為，歸根究柢，可能更多、更主要的應該歸責於教師；換言之，教師自己才是問題製造者。若然，則教師責難學生不遵守課堂常規、總是出現不當行為之前，似乎有必要先反躬自省，審視自己課程教學的安排與實施是否適切良好、是否出現課程設計不當、教學活動枯燥乏味等問題，並優先針對問題進行改善，方為正確、根本且務實之道。而適切良好的課程教學，至少要做到下列事項：

第一，要能引發學生的學習動機。大學教師應該透過改變學生觀念與態度、改變課程教材與教法、賦權與增能、讚賞與鼓勵、人際誘導等諸多面向及相關的策略或方法，來引發學生的學習動機與興趣。這一部分非常重要，第三篇將專門探討。

第二，配合學生學習專注時段配置教學重點。一堂課的時間中，教師可能全程都布置有學習重點，但是學生卻不容易整節課堂全程高度專注。教育心理學研究發現，學生在學習保留方面有初始效應與時近效應。前者指學生對一堂課最剛開始的教學內容，有較高的記憶保留程度；後者則指學生對一堂課最末尾的教學內容，有較高的記憶保留程度。符碧真教授研究大學生的學習曲線，也發現在課堂開始之初，以及課堂即將結束之時，有學生自陳較為專注的現象。基於此，大學教師可以在這兩個時段提示教學重點，同時要求較高的常規紀律，中間時段則針對前述教學重點做闡述，或者安排學生進行練習活動，此時即可以略為放鬆。如此使得課堂有收有放，常規管理有鬆有緊，教學運作會更趨合宜。

第三，教學力求流暢。依據學者庫寧（J. Kounin）的建議，教師教學應該力求避免出現諸如來回跳躍、當機停頓、小題大作（簡單的概念卻花費太多時間講解）、臨場耗時處理設備器材等現象，這些現象將導致教學失去流暢性，當教學不流暢或停滯時，學生就有可能迷惑或者無所適從，進而就有比較高的機率出現不當行為。

第四，清楚具體的提示學習任務或者活動轉換指令。教師身為施教者，自然很清楚知道自己課堂教學的進度或位置所在，但學生不是教師，未必能清楚知悉教師此時此刻的教學進程，跟上教師的思維步調，因此大學教師必須透過清楚具體的提示，告知教學所在，或帶領學生轉換注意焦點。例如：告知學生「請翻到教材第五十六頁，看到上方第二段」、「現在請完成學習單上第二大題兩個小題的演算，五分鐘之後核對答案」，或者「3-2已經告一段落了，有沒有問題……，沒有問題的話，來，我們進入3-3」，讓學生清楚知悉教學所在，一起跟上並投入學習。

第五，安排必要且具挑戰性的學習任務。課堂上應避免學生無所事事，因此教師有必要安排除了聽講之外的其他課堂學習任務，並以明快而略顯緊湊的教學步調來運作教學，維持學生的學習注意力，並且讓學生忙碌於追隨課程進度猶恐不及。例如：課堂要求學生抄寫筆記、書寫學習單、計算解題、討論發表、完成作品等，或者預告課堂歷程或尾聲將實施抽問、隨堂評量等，使學生提高警覺並投入學習，從而無暇製造問題或從事不當行為。

第二章　制定與執行課堂規範

對於課堂常規管理，教師除了寄望大學生已有較成熟的身心與人格發展，或者訴諸普遍性的道德原則，期許學生能夠自律之外，由於仍然會出現不當行為，並且涉及管理措施及師生權益，因此最好還是本於法治概念，建立適當的課堂規範，以作為常規管理的準據。

課堂規範的形式與內涵

課堂規範的制定必須考慮到底要採取哪一種形式，其內涵應該納入哪些規範事項，規範事項的文字要用怎樣的詳簡方式呈現等。此外，教師之間聯合制定共同的課堂規範，也是一種可能的做法。

形式

課堂規範可以採取口頭約定或書面制定。大學教師若頗為重視課堂常規，特別是與成績或獎懲結合時，為避免未來發生爭議時口說無憑，原則上應該較正式的以書面方式制定。規範的內容除了表明教師對學生的課堂行為的期望或限制之外，也應敘明對應的獎懲，沒有獎懲配套的規範通常會變成無效的虛文。

大學教師通常不會也不需要像中小學教師那般，把課堂規範的制定視為學生學習自治或民主法治教育的事項之一，歷經較長的時間，依循較嚴謹的程序，制定成一條一條的班規，並且製成海報，張貼於教室公布欄或顯眼之處（不過，大學教師若認為有需要，或者可行，例如：在特定的實驗室、練習室或者其他空間，仍然可以製成公告海報，強調其重要性與規範性）。一般而言，大學教師只需自行制定課堂規範，直接向學生宣達即可。

大學教師的課堂規範也不以類如中小學一條一條班規的形式呈現，通常是納入各該學科的學期授課計畫中敘寫。特別是牽涉到成績與獎懲的規範事項，一定要寫入成績評量欄位；若干非關成績或獎懲的項目，基於其性質之相似性，也可以寫入成績評量欄位，只是不予配分。若不寫入成績評量欄位，又沒有其他適用的欄位，則寫在其他注意事項或備註處，只是寫在其他注意事項或備註處，其重要性或規範性略顯較為低落。

規範事項

大學教師期望任教班級學生遵守的課堂規範事項可能十分眾多，若要鉅細靡遺一一列舉，通常難以窮盡，也太過繁複，甚至讓人覺得不夠大器，防學生有如防賊一般，不夠尊重與信任。

教師通常只需把自己認為最重要、最在意、最感困擾、最想要要求學生遵循或配合的事項，書面明文列在授課計畫中。至於其他期望學生遵守、但相對較為次要的行為規範，則考量這些行為規範是大學生應知應行的基本規矩，因此退而求其次，僅在學生出現各該不當行為時，才隨機性的以道德訴求，給予口頭提醒、督導或勸誡。另外，部分規範事項，例如：考試作弊、冒名頂替等，在學校層級的法規中已經有所規範，也就不一定要寫入授課計畫，一方面不使課堂規範顯得龐雜，另方面也避免課堂規範與校規彼此寬嚴標準不一致時，反而衍生爭議。

每一位大學教師期望學生遵循配合，或者與成績評量結合的學生課堂行為規範事項各不相同，納入授課計畫規範的事項也就各自有異。例如：有些教師重視學生課堂使用手機的行為，有些教師則在意學生的出缺席。無論列入哪一項或哪幾項課堂規範，大學教師應該考慮下列幾個問題：

第一，項目必要性。教師要自問，列入課堂規範並與成績評量結合的事項，在教育目的的實踐上是否有其必要性。例如：教師若要求學生課堂不能使用手機，必須能說出課堂上使用手機對於學生學習產生的負面影響，諸如無法專心投入學習、養成不尊重對方的不良習性等。教師對規範事項應能想好並備妥說帖，主動的告知學生，或者當有學生質疑為何要訂定該項規範時能立即且有條理的回應說明。若教師寫不出或說不出理由，則該項規範的必要性將受到質疑。

第二，獎懲可接受性。課堂規範要能發揮實效，必須搭配獎懲，其中又通常偏向訂定罰則。中小學教育場域可以採用的懲罰措施較為多元，諸如站立反省（傳統所稱的罰站）、通知監護權人、適當增加作業或工作等，均為輔導管教辦法所允許的措施，但是在大學教育場域就未必適用。例如：大學教師的課堂規範若處分違規學生站立反省，恐怕會引發爭議。因此，規範對應的獎懲，必須衡量情境與對象，慎選適用於大學教育的項目與措施。

第三，邏輯關聯性。大學教師對於學生違反課堂規範訂定的處分（處分乃是廣義的「處置」、「處理」之意，不等於狹義的「處罰」），應注意行為與處分之間的邏輯關聯性。要符合邏輯關聯性，通常會偏向要求學生修正、補償、加倍補償、或者限制其權利等。例如：學生遲到，最符合邏輯關聯性的處分是留置該生適當的時間；違規使用手機，要求其將手機收起來（這只是修正，尚未達懲罰程度），或者「暫時保管」，暫時限制其使用（已達到懲罰，但注意避免使用「沒收」一詞），但前述處分在大學課堂的執行上已有相當難度。除此之外，教師似乎不太有其他可行且符合邏輯關聯性的處分措施。因此，若要論及懲罰，大學教師通常都是以學科平時或學期分數的扣減，或者嚴重一點則以扣考為手段。但嚴格來說，學生課堂的不當行為與學科的學習優劣未必有直接的、必然的邏輯關聯性。例如：一個課堂上違規使用手機的學生，未必代表他對課程內容的學習程度低落，違規行為與成績是兩件不同的事。但是，受限於其他懲罰手段不可行，通常也僅能以成績扣減或扣考作為懲罰手段，這是無可奈何之下不得已的選擇。鑒於這樣的限制，大學教師至少要能建立課堂規範，並讓學生清楚知悉其不當行為勢必將要承擔的特定後果，使懲戒內容與違規行為之間雖然沒有自然本質上的邏輯關聯性，但至少有人為制定上的邏輯關聯性。

第四，比例原則。比例原則主要關注懲罰強度是否能與學生的不當行為情節輕重相稱。對於學生不當行為的處分，若是過輕，不痛不癢，自然難以達到約束效果。但若太過嚴苛，也會引發爭議，或者影響學生的權益。例如：曠課一次扣減學期總成績六分，或許尚稱適當；若曠課一次，該學科的學期成績就不予及格，則會引發太過嚴苛的爭議。懲罰強度由教師自行斟酌訂定，如何方為寬嚴適當，很難有個確切標準，大學教師或許可以換位思考，嘗試站在學生的角度，或者以自己的子女就讀大學，他的大學教師制定某種罰則來規範與懲罰我們或子女，身為學生或者學生家長的我們是否認同或接受，以此方式來輔助自己檢視規範與懲罰的合宜性，若自己都不能接受，那當然不要制定這麼嚴苛的懲罰措施。這樣的換位思考不保證絕對妥當（有時候即使自己接受，卻也未必合情、合理或合法），但會逾越比例原則的機率通常比較小。此外，也可以徵詢學生的意見，或者試行若干學期，檢視課堂規範與懲罰強度寬嚴是否得當。

第五，可行性或易行性。課堂規範的制定必須考慮是否容易實踐，不會造成教師作繭自縛，或者產生副作用。例如：教師若重視學生出缺席，是否會因為點名而耗費相當長的課堂時間。又例如：教師想要登記課堂違規使用手機的學生，但因為學生自由入座，教師又不認得學生姓名，想進行登記時，可能面臨學生拒絕表明身分，詢問周遭其他同學也不願配合透露的窘境。大學教師在制定課堂規範與懲罰措施時，也要進一步思考實務操作上的可行性或易行性。

詳述呈現

日常生活中經常會接觸到的各式契約書或說明書，往往都是以長達數頁、眾多條款、成千上萬個字、密密麻麻的方式呈現，雖然一般人鮮少會詳細審閱，但由於牽涉到雙方的權利、義務，因此訂定契約者還是會不厭其詳、鉅細靡遺的羅列。若雙方沒有爭議則罷，一旦產生爭議，裁判的依據就是這些契約條款。

大學教師對學生課堂常規的規範雖然不必詳如契約書或說明書，但還是應該儘量不厭其詳的說清楚、講明白，並把配套處分一併敘明。過於簡略的規範，未來真的要執行時將容易發生爭議。以我個人的授課計畫為例，成績評量相關項目都會以頗為詳實的文字說明。其中關於學生出缺席這一項，即詳細列出下列的規範內容：

一、請務必準時到課。無法到課時，請於課前（至遲於課中）以書面假單或電子郵件方式辦理請假。課後之補請假，時限爲授課當日二十四時之前，逾時不受理補請。電子郵件請假請寄kwangjen@scu.edu.tw（不可寄至noreply@isee.scu.edu.tw）。

二、完成請假者得申請評量考試之補考。補考請自修教學進度後，限於次週完成，成績以八折計算。未按規定請假或缺課，不得申請補考。

三、出席情形以課堂簽到爲主要依據，到課時請務必記得簽名，以及註記到課及簽到時間。到課而未簽到者，歉難查究補正。此外，嚴禁代替同學簽到，經查屬實者，代簽者本科成績不予及格。

四、公假、婚假、產假（檢）、喪假、醫囑有傳染可能建議在家休養之病假（須檢具證明，一般病假不在此列）等，不予扣分，其餘每次缺課（兩節）扣學期總成績六分，課前請假扣二分，課後補請扣三分，遲到（以超過上課十分鐘爲計）依遲到程度扣一至二分。

五、缺課或各種請假次數合計達六次（含）以上（含各種扣分或不扣分之假別，但排除評量考試週缺曠請假不計），因課堂出席比例偏低，學習歷程不完整，將不給予成績及格之評定。

六、簽到後，未請假而離開課堂者，若經發覺，當週視同缺課。

我希望透過這樣詳盡呈現的方式，敘明我對學生出席課堂的期望與相應的處分，藉此清楚告知學生，並作為未來執行的準據。

前述授課計畫示例中，原本沒有「不可寄至noreply@isee.scu.edu.tw」一句，乃是有學生被登記為曠課，但他們反映曾透過電子郵件請假，調閱請假郵件，發現是寄至noreply@isee.scu.edu.tw這個學校數位教學平臺的發信信箱，而非我的個人信箱，導致我無法收到，所以後來特別增列這一句加以提醒。由此可見，即使詳細訂定，在執行過程中還是會發現規範有疏漏或不妥當之處，因此有必要持續調整，以漸臻完善。至於請假方式，後來改為在數位教學平臺上開設請假專區，讓學生登記請假，就解決了電子郵件信箱收信此一問題。

不少大學教師授課計畫的呈現非常簡略，近期因為參與一件學生申訴案的評議，評議過程中查閱教師的授課計畫，成績考核就只有「平時成績40%、期中考試（報告）30%、期末考試（報告）30%」這樣寥寥幾個字，也就因為成績考核並沒有具體詳細的敘述，導致學生對成績感到不滿，質疑教師給分欠缺憑據、有所不公，因此提出申訴。

授課計畫的呈現其實某種程度顯示大學教師對於教學的態度。過於籠統、模糊、簡要、彈性的呈現，往往透露教師對教學規劃相當輕忽、不在意，或者透露出教師隨興、鬆散、自我中心、一切看我高興的意味。例如：前述「期中考試（報告）」的項目，似乎意味教師臨將開學之時，對於期中到底是要考試、還是要學生繳交報告，都尚未有具體的思考。相對的，詳細撰擬呈現的授課計畫，往往較能督促大學教師依據授課計畫此項契約承諾，好好的、扎實的提供課程教學，並且對學生的學行表現給予公平、合理的成績評定。

教師聯合共同規範

家庭中如果父母彼此之間，或者祖父母與父母之間，對於小孩的管教態度出現歧異，有些寬容、有些嚴格，容易造成小孩管教上的困難。類似的道理，在學生課堂常規管理方面亦然。

大學教師對於學生課堂行為的規範，通常依據自身理念個別訂定。但是教師之間對課堂紀律的規範寬嚴有別，在其他教師並沒有訂定相關規範的情況下，少數會關注管理特定紀律規範並實施處分的教師，通常比較不受學生歡迎。例如：課堂上會禁止學生使用手機的教師，可能就比較「顧人怨」。

在班級經營相關理論中，弗萊柏格（H. J. Freiberg）提出「一致性管理與合作常規理論」，其所謂的「一致性」，就是強調從班級到整體學校，所有教育人員的管理應該力求連續一致，達成共識。因此，若可能，大學同一系所的教師可以經過討論（或者同時也邀請學生代表與會）之後，建立對學生課堂紀律的共同規範。

據我所悉，某大學師資培育中心的教師鑒於學生課堂使用手機的現象太過嚴重，而這些師資生未來到中小學任教卻是要管教學生課堂不得使用手機，因此主張師資生自身在職前教育階段就養成課堂上專心學習、尊重教師、不違規使用手機的德行，於是訂定中心層級共同的一致性規範，規定師資生在課堂上若違規使用手機，經教師發現並登記三次，則該學科學期成績不得及格。每位教師均將此共同規範寫入授課計畫中，要求修習教育學程的學生遵守，學生無法怨怪某位個別教師，加上該中心教師落實執行，學生感知到老師們是來真的，規範效果十分顯著良好。

大學教師或許也可以參照該師培中心的做法，在服務的系所或單位提出制定全系或全單位共同課堂規範的討論案（未必只針對課堂上手機使用行為），討論是否同意比照此種模式制定。

慎用團體制約與避免連坐

課堂常規紀律的維持是大學教師的職責，部分教師會策略性的使用團體制約方式，以期發揮更好的效果。舉例來說，教師期望學生在課堂上認真投入學習，因此規定任何學生出現不當行為，導致教師必須花費時間處理，延誤課堂進度，那麼全班就必須延後下課，占用休息時間。為了避免下課權益被剝奪，學生通常會克制自己，甚至會約束同儕，避免出現不當行為。如此的規範即能收到團體制約效果。

我年少就讀師專時代，有位數學老師最痛恨學生上課時打瞌睡，一旦有學生打瞌睡被他發覺，他會臉色一變，粉筆一扔，馬上宣布進行隨堂考試，就剛剛上課的內容出一、兩道題目要我們解題。對於數學底子向來不好、上課聽講都不太能夠理解，必得下課後反覆咀嚼才能勉強掌握的多數學生而言，這樣立即性的隨堂考試，壓力非常大，考試結果也往往很不理想。因此，上這位數學老師的課，同學們無不戰戰兢兢，力求打起精神，若發現旁邊的同學不敵睡魔，還會趕緊偷偷喚醒他，以免被老師發現。

然而，教師的處分理應針對出現不當行為的特定學生，清楚分辨對象是單一、少數、多數、抑或是全班學生，然後針對性的實施處分。採取團體制約策略其實已涉及連坐處分，其他並未出現不當行為的學生，因為其他同學而連帶必須承受處分，甚至影響權益（例如：課業成績），顯然已經殃及無辜，甚至不無可能埋下同儕衝突的導火線。因此，除非違反課堂規範確實是全班性的（通常很難找到這樣的例子），否則就教育倫理而言，團體制約、連坐處分頗有爭議，必須十分審慎運用，甚至應該完全避免。

我的小兒子就讀大三時修習某一門課程，該科教師宣布翌週舉行一次考試，並告知學生可以攜帶公式入場，無須死背。考試當天，有少部分學生攜帶入場的資料，除了公式之外，還有試題解答之類的額外參考資料。助教巡查發現，予以口頭制止，但未登記學生姓名。考試結束後，助教向授課教師報告，教師隨後通知此次考試作廢，下一週重新考試。由於考試對該班學生而言壓力頗大，辛苦準備多日的考試竟然因為少數同學違規而作廢，下週被迫還得重考，壓力無法解除，因此小兒子感到十分鬱悶糟心。我得悉之後，建議他向教授、助教寫信，委婉表達他自己與多數學生並未違規，連坐受到處分實有不妥。據悉也有其他多位學生提出類似的反映。教授十分明理，不久後即宣布暫緩重考，翌週課堂再討論如何處理此事。從這個案例即可得知，學生對於遭到連坐處分，感受相當不好，教師應該審慎或避免。

說明課堂規範與徵詢修訂

課堂規範制定完成，必須在課程第一時間向學生公布並說明，但基於尊重學生及落實民主的原則，因此也要徵詢學生的意見，必要時做適當的修訂調整。

說明

制定並寫入授課計畫中的課堂規範，除了書面呈現之外，大學教師還要在第一次上課時，以口頭方式向學生說清楚、講明白，或者至少要提示學生務必詳細研讀規範內容，讓學生知悉教師認真、嚴肅的看待課堂規範，以及教師對學生課堂行為的要求及相關獎懲。

雖然多數課堂規範的理由至為明顯，大學生不會不知曉，但是大學教師在說明時還是儘量能簡要的（注意應該簡要不囉嗦）說明制定各該規範的理由，並且朝向以這些規範之制定提出「總是為你」或者「利人利己」的說詞，讓學生體認到課堂規範不是教師為了自己之便，單純的意圖管制、約束學生，而是指向於維護與保障學生權益，或者維護師生雙方、學生同儕之間共同權益的善意之舉或必要之惡。若能喚起學生有此知覺，後續遵循課堂規範，乃至接受違規處分的程度，自然會比較高。

徵詢修訂

課堂規範由大學教師自行制定，但因為學生乃「利害關係人」，並且涉及其權利與義務，因此宣達說明之後，應該徵詢學生對課堂規範的意見。

一般而言，對於教師的徵詢，大學生通常不會表達異議。教師可以基於「因為很重要，所以問三遍」，簡明扼要但再三的徵詢確認，以示慎重。如果能夠如此，通常更能讓教師所訂的課堂規範多一分學生也表示認可的「民意基礎」，有利於未來落實執行。

少數時候，部分學生會提出不同意見。教師徵詢學生意見的目的之一本即尋求集思廣益，發覺是否有疏漏不當之處，進而訂定出較為妥慎完善、雙方合意的課堂規範，而並非單純的只是要學生不得異議的背書而已，因此應抱持較開放的態度，不應感到不悅。大學教師聆聽學生意見之後，可能是給予進一步的澄清說明，維持原案；也可能是酌予調整修訂，甚至也可能大幅修改或刪除。

前述我個人授課計畫關於學生出席的規範示例中，不予扣分的假別原本沒有「醫囑有傳染可能建議在家休養之病假（須檢具證明，一般病假不在此列）等」這一點。後來某一門課程有位學生提出意見，認為有傳染疑慮的學生請病假乃屬醫囑，若仍依一般病假扣分並非所宜，我認為她說得很有道理，因此採納其意見，增列此項不扣分的病假。這就是參考學生意見修訂規範的一個例子。

課堂規範若有所修改，應該記得回頭修改授課計畫，或者透過教學平臺的公告區與電子郵件，宣達課堂規範內容有所異動的訊息。

執行課堂規範

課堂規範確立之後，教師應該同步宣示落實執行的決心。簡明扼要的提示學生，教師未來一定會依照這個「大家說好了的規範」來執行，請學生能夠理解並配合。

三令五申

雖然教師在學期之初即已宣達課堂規範，但人畢竟是健忘的，因此在學期後續時間，教師應適時的重複提醒學生。

重複提醒時儘量使用不同於期初講解說明的其他方式，即使還是使用口頭提醒，也務必更簡明扼要。我個人慣用的方法是在學期進行一段時間之後，諸如學期第三或四週、期中等時機，特別是發覺有部分學生出現違反課堂規範的情形時，即在教學平臺上張貼課堂規範相關事項的公告，並同步發送電子郵件，再一次、兩次的提醒學生。

此外，某些課程實施課堂到課簽名，則在簽到表單的適當位置（通常是表單的下方），呈現簽到注意事項以及請假相關課堂規範，以期提高課堂規範的能見度。其內容如下：

一、請務必記得簽名，未簽到者歉難查究補正。簽名筆跡請保持一致，嚴禁代替同學簽到，經查屬實者，代簽者本科成績不予及格。

二、無法到課時，請於課前（至遲於課中）以書面假單或電子郵件方式辦理請假。課後之補請假，時限爲授課當日二十四時前。

三、缺課（兩節）扣學期總成績六分，課前請假扣二分，課後補請扣三分，遲到（以超過上課十分鐘爲計）依遲到程度扣一至二分。

四、缺課或各種請假次數合計達六次（含）以上（含各種扣分或不扣分之假別，但排除評量考試週缺曠請假不計），因課堂出席比例偏低，學習歷程不完整，將不給予成績及格之評定。

五、簽到後，未請假而離開課堂者，若經發覺，當週視同缺課。

還有一個重申課堂規範的時機，就是學生在課堂上出現列入課堂規範的不當行為，並且必須較正式的介入處理時，則即時且簡要的提及該項課堂規範，予以再提醒、再督促。

教師制定課堂規範以約束學生的不當行為，自己更應以身作則，遵守規範。例如：教師規定學生不可以遲到，自己卻總是晚進教室；約束學生不得使用手機，自己卻也在課堂時間偷瞄手機。教師自己都做不到，學生卻要受懲罰，自然會心生不滿。

信賞必罰與給予緩衝

制定並公布課堂規範通常就能達到一定的約束效果，減少學生課堂不當行為發生的頻率或嚴重程度，營造較佳的學習環境。

落實執行課堂規範時，大學教師最好能夠展現庫寧所稱的全盤掌控、洞悉一切的能力，並且讓學生瞭解教師有洞悉一切、全盤掌握狀況的高超本事。例如：即使不看學生、面對黑板板書，也能知悉臺下某些學生的小把戲等，這對建立教師課堂權威將有很大的助益。

當學生出現違反課堂規範的不當行為時，教師理應信賞必罰，依據規範給予對應的處分。若教師制定了課堂規範，但發現學生違反時，陷入猶豫顧忌，想要管教，卻又擔心學生不高興，或師生發生衝突，導致課堂規範不能落實執行，徒然形同虛設的具文，當非所宜。

比較需要注意的是，教師執行課堂規範的態度必須是堅定、理性且平和的，特別是態度要力求平和，讓學生知悉教師的關注、管理與處分，乃是依循先前制定的課堂規範，該規範經過師生共同商定，而現在教師是執行「大家說好了的規矩」，是在維護師生權益，而非無緣無故的報復或苛責學生。

某些規範事項，例如曠課缺席，依據事實予以記錄處置即可。但是某些規範事項，教師必須經過與學生的互動方能執行。對於這一類的課堂規範，同樣講究信賞必罰，但實務執行上仍然可以給予適當的緩衝。

以教師規範課堂禁止使用手機為例，教師一發現學生違反規範使用手機，就見獵心喜，像逮到現行犯一般，立即叫道：「某某某同學，你！上課玩手機。登記一次！」這樣會顯得過於嚴苛，讓學生感受不佳，甚至危害師生關係。

較合宜的做法應該是教師每次課堂之初，不急於開始教學，利用短暫時間簡明扼要的提醒學生：「上課了，請同學將手機或其他雜物收起來，最好能夠收進你書包的最深處。」給予學生半分鐘左右限定的緩衝時間，平和但堅定的督促學生結束所有非課堂事務，移除分心物，並且完成學習準備，進入學習狀態。

在特定教室（例如：實驗室）上課的教師，甚至可以要求學生先在教室外等候，教師上課前出來整頓秩序，類似前段所述的提醒課堂規範，督促學生停止不合宜的行為，收起分心物，並提示學生進入教室後，行為就必須與教室外有所不同，然後才讓學生安靜的魚貫進入就坐，此種「內外有別」的安頓處置，對於課堂常規管理也頗有助益。

若上課不久，還是發現有學生使用手機，則再次提醒：「還是有少數同學沒有將手機收起來，再次提醒，請將手機收起來，專心上課。」（這次提醒是否必要，教師可以自行斟酌）如果經過這樣的提醒，仍有學生持續違規，則正式依規範處理：「某某某同學，你現在仍然使用手機。依據班規，我必須登記你違規一次。」

這樣的課堂規範執行方式，有點類似「數到三，一……、二……、三……」，或者「第一次警告，第二次警告……」的策略，也類似《史記・孫子吳起列傳》中孫武的「三令五申」。孫武若是宮女們一次做不好，就把吳王闔閭兩位擔任隊長的愛姬給斬了，孫武自己大概也要被吳王闔閭給斬了吧！但是經過三令五申，宮女仍然嘻鬧，不當一回事，隊長因而被斬，闔閭雖然心痛也莫可奈何，這前置的三令五申就是很重要的關鍵。

教師實際執行課堂規範時，能夠先行重申提醒，給予再次的督促緩衝，而在給予這樣再三的提醒緩衝機會之後，如果有學生仍然違反，出現不當行為，才依據課堂規範給予懲處，違規的學生自己或班上其他學生基本上都沒有理由抱怨教師，比較能夠接受甚至肯定教師的管教或處分。相對於前述訂定了規範卻不敢落實管教，或者訂了規範就見獵心喜、立即施罰等兩種極端，堅定落實但又給予適當緩衝的執行方式，做到嚴格但不嚴苛，當是較為理想的中庸方式。

審慎放寬課堂規範

歷年來，課堂偶見少數學生身心適應不良，導致無法正常出席課堂，基於照顧弱勢或特殊需求學生之考量，學校心理諮商部門也會通知任課教師，並建請教師酌予調整對該生的課業要求。教師對這些學生給予差別待遇，最好也能預先納入課堂規範。近年來我的授課計畫都會在成績評量處列出下列事項：

特殊需求聲明：

一、因懷孕、生產、重大事故、特殊身心狀況等，造成需要教師另以其他方式提供學習或評量者，請於需求發生後一週內儘速告知，並由教師依據專業考量及公平原則給予適當合理的變通。

二、未及時聲明而於期末臨時提出需求者，歉難給予變通補救。

這項增列的規範事項，是擔任學生申訴評議委員會委員的經驗中，處理了因為特殊重大因素無法正常學習，又未能及時告知或請假，而引發師生之間爭議的申訴案，因此我便在授課計畫增訂此一規範。列出這樣的項目，提醒學生必須早期告知，以免期末難以彌補。同時也給自己對學生做差別待遇處分時，能夠預留一個依據。

除了前述對特殊需求學生做適當的差別待遇之外，基於誠信，教師原則上均應依授課計畫、課堂規範處理學生各項成績與課堂行為。不過，實務運作上，某些時機還是可能會有所調整。一般而言，調整通常是酌予放寬，若採取加嚴措施則容易產生紛爭。

舉例來說，教師在授課計畫中原本規定請假將酌扣若干學期成績，但是期末實際結算時，最後沒有扣分，或者減半，通常這種類似先嚴後寬的做法，比較不會引發爭議，特別是當事學生通常會感到慶幸。但是大學教師還是要衡酌其他學生的反應，雖然當事學生的學期成績與其他學生並無太大的關聯，但是部分學生仍然會認為教師這樣的變卦做法並不恰當。甚至，有時候學生彼此之間的成績確實也會有利害關係，例如：競逐獎學金等。因此，即使是放寬標準，教師也必須審慎。

曾經聽聞某大學教師，期末發現某生學期總成績在五十八、五十九分及格邊緣，便給予該生六十分及格（這似乎是很多大學老師都慣例性會有的成績處理方式），但是後來竟然招致學生申訴。學生申訴的理由是他原本期望該科成績不及格而能延畢，不料教師卻給予及格，使其延畢意圖落空，因此檢具他本該不及格的事實資料，向學校提出申訴，讓人訝異且啼笑皆非。無論該生是否確實本有延畢意圖，抑或是另有找教師麻煩之類的隱情，這個案例提醒大學教師在學生學業成績或是行為規範的處置上，最好能夠照章處理，若要放寬標準，則要衡酌是否會發生爭議。

對於學生學期成績的處理，我多半也會衡量全班成績酌予調整。但為求周全且有所依據，因此我在授課計畫的成績評量處，加列「成績調整：學期成績將依據原始成績，由教師綜合全體學生實際之學習表現，全班加減適當分數進行調整。」一項，期末統計全班學期成績總平均，若明顯偏低，則給予全班每位學生統一加若干分數。這樣可以略為提高學生成績的平均數，與其他學期之間不會差距太大，也不會影響標準差或者學生之間的相對位置。至於加不加分，以及加多少分數，就預先聲明係由教師綜合實況來判斷並決定。

第三章 教師課堂情緒管理

大學教師也是平凡的普通人，對學生課堂不當行為自然會感到困擾，甚至惱怒。除了向他人吐苦水，抨擊現在的大學生素質如何及如何之外，在課堂當下，部分教師可能選擇放棄不管，聽任學生自生自滅，部分教師無法忍受學生把自己當作「塑膠」，出手管教，但卻未能掌控好情緒，導致引爆激烈衝突，遭到學生投訴，驚動校方介入關切，甚至鬧上媒體。教師對學生課堂不當行為無須刻意合理化，仍應積極關注處理，但關注處理必須理性、平和，否則因情緒失控而升高衝突態勢，衍生更大的問題，當非所宜。

為使自己在處理學生課堂不當行為時能夠避免情緒衝動，大學教師在平日即應該透過教育愛的深思，以及掌握若干認知調整與行為調整之道，以期不致輕易惱怒，避免情緒失控爆衝，做出師生雙輸的行為。

教育愛的深思

第一篇曾經提及教育愛，指出廣義的教育愛包含「教師愛教學」、「學生愛學習」，以及「教師愛學生」、「學生愛教師」四個面向。在此，更進一步討論教育愛的深刻意涵。

完美者對不完美者無私的愛

學者方永泉曾分析教育愛的字源與寓意。他指出，教育愛中的「愛」，並不是普通的love，而是源於希臘文中的agape。就其原意來看，是「不完美者」對於「完美者」的欲求，但到了基督教興起後，意義反轉變為「完美者」對於「不完美者」的「無私的愛」，特別是當神以這樣的愛來愛人類時，人類也應該效仿，以這樣的愛來愛神或愛其他人。對包含大學教師在內的教育工作者而言，agape意義下的愛深具意義。大學教師從事教育工作，除了要熱愛追求永恆真理之外，也應該把「完美者」對於「不完美者」這種「無私的愛」放在心裡。

大多數大學教師自幼應該是在比較優渥的環境中成長，即使部分大學教師並非一路順遂，但是就結果而言，今天也是苦盡甘來，躋身大學教師之列。因此，大學教師算得上是社會中趨近「完美者」的一群，以現在流行用語來說，也就是所謂的「人生勝利組」。完美的、人生勝利組的大學教師，是不是應該對於那些不完美、不可愛的學生表現出無私之愛呢？

表現不當行為的學生雖然令人氣惱，但其實也有點可憐，他們相對還不完美，還在奮鬥掙扎，他們可能不努力，可能是欲振乏力、可能是習得無助，甚至很多時候要可憐他們竟然不知道要努力，這樣的無知或無力，也應該視為是一種另類的弱勢。

若可以這樣觀想，大學教師就比較容易試著去珍愛他們、幫助他們，期望他們可以變得較完美、可愛，往人生勝利組邁進。這樣也比較能符應教育工作應是多做雪中送炭、而非錦上添花的本質。連帶的，教師也比較能用寬容的態度來關懷矯正或拉拔提攜學生。

大多數大學教師的成長歷程應該不會是完全「不食人間煙火」，或多或少都曾經與一些調皮搗蛋或不努力的學生成為同學。我們多半都能體會這些「不乖」的同學也有他們可愛的一面，並非那麼的全然可惡，甚至知道他們有著某些特殊的困境。而現今那些出現不當行為的學生，其實就像是我們以前求學歷程中班上那些比較調皮搗蛋的同學，我們是否要學著用不是惱怒厭惡的心態，來看待現在面對的這些學生呢？

魯冰花的超越

知名電影《魯冰花》，相信大學教師都會推崇影片中的美術老師郭雲天，因為他不會刻意逢迎偏袒鄉長的兒子，而能公平對待出身貧微、行為調皮、學業成績低落的古阿明，並慧眼獨具的賞識其美術天分。郭雲天老師確實展現出高層次的教育愛。

不過，我也曾經這樣想過，假如古阿明不但出身貧微、行為調皮、學業成績低落，而且也沒有畫畫的天分，可以說是一無是處，若郭雲天老師還是公平而積極正向的對待他，那將更能彰顯郭老師臻於教育愛的最高境界。

如果我們推崇《魯冰花》電影裡郭雲天老師的教育愛，那麼自然也應該向他學習，甚至做到前述那種更高境界，對於就算看似一無是處的大學生，就算他們在課堂表現出一些不當行為，也還是可以不帶成見的、公平而積極正向的對待他們。

教而得天下之英才

《孟子．盡心》有言：「得天下英才而教之，三樂也。」得天下英才而教之，的確是人生一大樂事。不過，對很多大學教師而言，可能會埋怨自己的學生不是英才。言下之意，似乎若到其他「好學校」，教到「好學生」，就不會有今天面臨的問題。然而，即使真的有機會到「好學校」去任教，那些「好學生」就不會出現令大學教師惱怒的不當行為嗎？只要想想當年洪蘭教授寫文章責備臺大學生的事例就可以知道，事實上，好學校裡好學生的課堂行為表現同樣讓大學教師惱怒頭痛。

此外，有些大學教師可能也會認為現在大學入學門檻低，學生素質低落，一屆不如一屆，不但無心學習，並且出現諸多課堂紀律問題。但是如果有機會翻閱民國五、六十年代，大學入學仍是擠破頭的窄門時期的報章雜誌，我們會發現，過往只有菁英才能成為大學生的年代，大學生的學行表現同樣為時人詬病，否則不會有university被翻譯成「由你玩四年」之譏。歐美校園電影也經常上演大學生的荒誕行徑，甚至幾千年前孔子的學生中也有晝寢的宰予之輩。由此可見，無論古今中外，大學生永遠都會出現令人失望、不符英才特徵的舉止。

對於「得天下英才而教之」這句話，東吳大學前校長劉源俊先生做了文字重組，提出「教而得天下之英才」新說。劉校長指出：「『得天下英才而教育之』絕不是教育的真諦，孟子也只說是一件樂事而已；孔子的『有教無類』、『因材施教』才算得上是。所以我把前述孟子的話重組，說：『得天下英才而教育之，莫如教育而得天下之英才』」。

這樣的重組，文思巧妙，令人耳目一新，意境上也大幅躍升。從事教育工作，能夠遇到優秀的學生，與這些學生一同論學，激發智慧的火花，是一件令人愉快的事情。不過，這般美好的場景可遇不可求。更多時候，教師面對的不是英才，而是一般普普通通，有時候還會讓教師頭痛不已的平凡學生，這些學生宛若亟待雕琢的璞玉，能否成材成器，往往也就看老師是否能像和氏璧故事中的玉匠善於鑑定欣賞並積極雕琢。

即使學生並非璞玉，僅是普通一般的石頭，教師善用不同角度或眼光欣賞之，也有機會使其成為奇石；即使學生未能成為奇石，教師善於將石頭置於適當位置，亦有其大小用途。因此，「得天下英才而教之」是人生一大「樂事」，「教而得天下之英才」則是人生一大「功德」。大學教師不宜非美玉不雕琢，應該嘗試著對每一塊無論美玉、璞玉或普通石頭，都給予適當的潛能引導與開展。教師若能抱持「教而得天下之英才」的理念，較為正向的看待每一位學生，那麼當學生出現不當行為時，情緒應該就可以不那麼激動。

認知調整

在平時思考課堂常規管理，乃至於課堂上面對學生出現不當行為時，大學教師可以透過下列六種思考，嘗試調整信念或認知，也就是「轉念」，在腦中建構不生氣的機制，摒除不合宜的思考，以期根本性的有效控制情緒衝動。

正向思考

大學生某些課堂行為可能並非如教師想像中的那樣不當。例如：學生彼此交談，未必就是在閒聊課程之外的其他八卦，他們不無可能是在談論剛剛教師教學所衍生的話題；學生使用手機，未必就是社交、觀看娛樂影音，他們不無可能是在查詢課業內容相關資訊，或者確實有急迫要緊的私事必須隨時關注或聯繫。此外，學生課堂不聲不響的離開教室，很有可能是生理衛生的需求。

教師若不能如此設想，只要看到學生有不符合自己期待的課堂行為表現，就認定是學生使壞，心生惱怒，甚至斥責學生。若學生確實行為不當，被斥責，自覺有錯在先，也許會自省收斂；但若教師錯誤斥責了那些並非脫離課程，或者確實有不得已苦衷的學生，這些學生感到委屈，即使未必會辯白或反抗，但對師生關係而言，勢必會產生不利影響。

胡塞爾（E. Husserl）的現象學（Phenomenology）主張「還原」，也就是「返回事物本身」來把握和認識其本質。對無法達到「絕無可疑」的人、事、物，應抱持保留、懷疑的態度，將其「懸置」或「放入括弧」，暫時「存而不論」。我覺得所有教育人員都應該具備這樣的素養。

過往我曾經對一位課堂三不五時喜歡與鄰座同學講笑的學生心生惱怒，只差沒有發作出來。不料，後來在某個時機中居然被告知，這個學生在私底下到處讚揚我這個老師的好，是最挺我的學生之一，讓我頓感心驚。若當時我沒有忍住惱怒，在課堂上不留情面的修理這位學生，那豈不是讓這位最挺我的學生宛如跌落地獄一般。從那時候起，我經常告訴自己，我們對學生的瞭解永遠都是很少、很片面的，因此不要輕率的對學生下評斷，更不要說出很狠、很絕的話語。

基於此，大學教師看到學生在課堂上出現若干看似不當的行為時，應該試著讓自己並非總是一味的朝壞的方向思考，轉而能適當的認為學生有可能仍在進行與課程學習有關的行為，或者確實有不得已的原因必須分心處理。如此正向思考，為學生著想，將有機會穩定自己的情緒，不至於輕易心生惱怒。

理性思考

即使學生課堂上的行為表現確屬不當，教師還是可以透過理性，做合乎事實與顧及後果的理性思考，以達到較佳的情緒管理。理性思考可以兼從五個面向出發：

第一，理性認知行為影響的對象。大學生的課堂不當行為多半屬於內向性而非外向性，也就是其不當行為主要影響到他自己，並不太會影響到其他學生或者教師，更絕少會是刻意針對教師、衝著教師而來。

第二，理性認知行為的屬性。對於學生內向性的不當行為，教師應該趨向於用「笨」（不明智）而避免用「壞」（惡劣）來思考，因為這些學生主要是傻傻的不知道要把握機會與資源好好學習，並沒有太過分的想要惡意影響他人。對於「壞」的學生，或許要「罰」；對於「笨」的學生，則理應要「教」。教，原則上就應該是比較平和的。

第三，理性認知行為嚴重程度。學生課堂上的不當行為絕大多數都是一些輕微的「小奸小惡」，鮮少是不可饒恕的重大惡事。大學教師不宜非理性的擴大詮釋學生不當行為的嚴重程度，做「災難化」的誇大思考。

第四，理性認知行為處理的目標。對於學生的課堂不當行為，應該是尋求解決問題，而非製造問題，更非激化、惡化問題。大學教師應考慮到，萬一自己情緒失控，逞一時之氣憤，採取激烈的手段應對，很可能將本來單純是學生犯錯的輕微不當行為，演變成是師生雙方都有錯的重大衝突事件。輕則導致學生在其他場合醜化教師，重則引發後續的申訴調查、民刑事司法訴訟，甚至有可能導致自己失去教職。解決問題不成，反而惡化了問題，與理性目標全然背道而馳；而且其後果帶來的痛苦與難堪，千百倍於課堂當下感到的不快，得不償失。

第五，理性認知自身狀態與身分地位。大學教師面對學生不當行為時，應知悉自己未必總是對的，即使自己是對的，也不一定務求當下要贏、要占上風。再者，大學教師應該知悉自己的身分乃為教師，對方的身分只是學生，教師理當要有較高的成熟度，要比學生更為理性、平和。

大學教師平時若能針對前述五個面向作理性的思考，將較能有合宜的認知，情緒就比較不會受到影響，不會貿然爆氣憤怒，或者至少較能管控自己的情緒，恢復冷靜，從而理性面對與處理學生課堂不當行為。

換位思考

人們總是習慣站在自己的本位觀看與思考人、事、物。因為抱持本位思考，所以不易理解對方的想法，或者會偏向專以自身現在抱持的價值標準來衡量或評判對方，因而產生誤解，心生惱怒情緒。大學教師面對學生課堂不當行為，通常亦然。但若能嘗試脫離本位立場來換位思考，可能就會發覺自己現在抱持的價值標準需要修正或調整，或者至少要能包容對方。

有些著名的經典名句或者是宗教故事，可以幫助大學教師體察換位思考這件事。除了《小王子》這本書卷首寫的「所有的大人都曾經是孩子（只是他們大多數都忘記了）」之外，另一個頗有啟發性的宗教故事則出自《聖經．約翰福音》八章一之十一節。耶穌有一次在耶路撒冷，有文士、法利賽人和一干群眾，帶來一個犯通姦罪的婦人，要求耶穌依照摩西律法定這個婦人的罪，將婦人用石頭打死。他們的目的是要試探耶穌，捉耶穌的把柄。耶穌沒有回答他們，只是蹲著用指頭在地上畫字。那些人一直要求耶穌為這件事情表態，耶穌就直起身來，對他們說：「你們之中誰認為自己是沒有罪的，誰就可以先拿石頭打她。」說完，耶穌又繼續蹲著在地上畫字。那些人聽了這話，從小孩到大人一個一個的都出去了，最後只剩下那婦人。耶穌就問她：「那些人在哪裡呢？有人定你的罪嗎？」她說：「沒有。」耶穌說：「我也不定你的罪，去吧！從此不要再犯罪了。」

上述經典名句以及宗教故事共同給予大學教師的重要啟示是，現在這些讓自己感到惱怒的學生課堂不當行為，自己過往是否也曾經出現過，甚至現在某些場合是否也持續有意無意的出現類似的行為。

舉例來說，大學教師抱怨學生上課使用手機、用餐、打瞌睡，翹課不來，或者課堂上讀其他科目的教材。但是，大學教師自己可能也好不到哪裡去。大學教師回想自己過往在當大學生的時候，是不是也經常或偶而的會翹課、遲到，課堂上會吃食、聊天、傳紙條、打瞌睡、看其他書籍、做其他事務等。我相信，很多大學教師都會承認自己從前也是如此。

進一步拿使用手機這件事來說，大學教師在當大學生的時代還沒有手機，更沒有智慧型手機。假設當時就已經有了這些玩意兒，有幾多大學教師可以保證當初還是大學生的自己，不會在課堂上偷偷的使用手機？恐怕多數大學教師都要承認自己也會是滑手機一族。

大學教師當初還是大學生時，課堂行為表現可能與今日的大學生相去不遠。即使現在已經成為大學教師了，在很多時機或場合，其實不自覺的也表現出那些自己反感的不當行為。

舉例來說，對於某些會議、研習或活動，如果沒有強制或利害關係，大學教師經常也是能閃就閃，能不去就不去。如果必須出席參加會議、研習、聽演講或其他活動時，教師自覺自己不是主席、主持人，只是來簽到、露臉、湊人數，或者認為我只消用一隻耳朵來參與即已足夠，那麼經常也是手機不離身的滑個不停；不看手機的，有些則是打起盹來，或是拿出近期寫論文要讀的paper來看。至於會議或研習在中午時間舉行，則一邊開會或聽演講，一邊用餐，幾乎已經被認為是理所當然的常態，不認為會對開會或聽講有何影響。

既然大學教師過去以及現在也會如此，或者可以如此，那麼今日的大學生何嘗不會或者何嘗不可？學生若對課程沒有興趣，也不覺得有太大的利害關係，能不來上課就不來上課，似乎就可以理解了。即使學生來到課堂，但他認為教室是上課教師的場子，場子如何進行與運作是大學教師要負責的事，他是一個無關緊要的旁觀者，那麼他會使用手機、聊天、打瞌睡，做他自己的事，似乎就可以理解了。此外，當他尚未用餐，或者想要吃食，他會想要一邊吃便當或喝飲料，一邊上課，似乎也可以理解了。

誠如俗諺說的「換了屁股，就換了腦袋」，一旦所處的位置改變了，往往想法和做法就跟著改變，甚至是一百八十度的大轉變。大學教師踏入教室課堂，就完全以大學教師的立場來思考，對學生的某些行為感到惱怒，忘記了自己過去當學生時也曾經如此，現在很多時候也還是如此。除非教師自己可以發誓，自己當年與現在都確實不曾有過那些課堂不當行為，否則如何可以有嘴說學生，沒嘴說自己，一派「雙標」作風呢？

若能如此換位思考，反躬自省，並且有所覺察，或許我們可以理解那些課堂不良行為表現，基本上就是「古今中外」學生（甚至是大眾）的「通病」，雖然不能說就是「正常」，承認它是對的，但應該可以承認其實很「平常」，教師對於司空見慣、自己亦復如此的常態現象，就不太需要也不太好意思感到情緒激動了。

轉向思考

所謂「山不轉路轉，路不轉人轉」，面對學生課堂不當行為，大學教師可以試著轉向做另類思考，透過不一樣的想法，來管控情緒。

大學教師通常視學生課堂不當行為是一種負面的干擾，若視為是負面干擾，就容易造成情緒波動。但是學生某些課堂不當行為，或許可以把它視為是一種正向的資源，若能視為是正向資源，則教師相對會較為歡迎，或者至少可以容忍，情緒自然不會劇烈波動。

舉例來說，在課堂上，學生通常不會主動發問或發言。但某些學期的課堂，偶而會出現一、兩個學生例外，他們在課堂上喜歡頻繁的發言、發問，發言內容偶而也會超越課堂內容，與教師聊天抬槓，閒話家常，例如：批評其他老師，詢問老師的年齡、星座，要老師猜猜他幾歲，或者詢問老師有沒有適合介紹給他的婚友對象等。遇到有這樣的學生，大學教師基本上就以短短的時間，簡要回答他們的問題或抬槓話題，然後重新回復到教學狀態，這些學生多半也會適可而止。

對於這樣的行為，我反而相當程度的會感謝這些學生，因為我認為他們不算太過分的提問、聊天抬槓或閒話家常，讓原本較為單向、嚴肅的課堂氣氛多了一點師生互動，輕鬆愉悅的效應也能擴及其他同儕，幫助課堂帶來一些活絡的生機。那麼，就幾乎不會視其行為屬於不當行為了，更不可能因此而惱怒。

零基思考

大學教師往往習慣以所有學生都能表現出良好的學行作為基準，例如：預設所有學生在課堂上都要全程好好聽課、乖乖守紀律，一旦發現有少數學生偶而不專心、偶而違反課堂規範，就感到與理想有差距，感到不完美，產生失望感，甚至惱怒。

零基思考，或者也可以稱為加法思考，乃是相對於減法思考而言，就是建議大學教師凡事盡可能以「本來是零」為出發進行思考。教師若轉個心念，先預設學生本來不會有好的表現，例如：在課堂行為管理上，預先設想的是沒有學生會好好聽課，結果卻發現百分之九十的學生還是能投入學習，那百分之十的學生雖然心不在焉，但偶而也還是會關注教學；又例如：預先設想的是課堂上沒有學生會乖乖守紀律，結果卻發現幾乎百分之百的學生都能安靜，只是部分時間會偷偷使用手機，但他們也是默默地看個幾眼。若能如此觀想，教師感到大多數學生在大部分時間都能表現出良好的學行，此時反而會感到高興，就不太容易產生失望或惱怒了。

這樣的思考方式可以延伸運用到其他地方。例如：對於學生的學業成績，教師若以學生本來要得到一百分為思考基準，當學生未能達到一百分，甚至成績普遍偏低時，就會感到失望或惱怒；相對的，教師若以學生本來什麼都不會，是零，現在已經學會了一些，雖然不是學得很完整，但至少有學到一些東西，希望他們在知道自己學習仍有疏漏錯誤之處後，能夠檢討並加以補足，這時候教師基本上就不太會惱怒或生氣。發表TED演講的麗塔．皮爾森女士對學生的數學習題給予+2，而非-18的註記，並說「-18讓你的人生看起來很糟糕，但+2卻代表其實我還有救」，就是展現這樣的思維。

此外，例如辦理一些師生活動，我現在都習慣採取零基思考，預設沒有一個學生會參加，報名人數本來是零，但結果竟然有十二位學生報名，從零變成十二，來一個等於賺到一個，如此觀想，則幾乎就只有高興，不會像預設全部五十個學生應該要來，從五十掉到十二那樣，心中興起失望及惱怒。

大度思考

相對於大學生，大學教師應該是較為成熟，因為相對較為成熟，自然應該展現出較為寬宏大量的胸懷氣度。

大學教師應該期許或比擬自己有如大江、大湖、大海一般，而非僅是一個小水盆。學生在課堂上出現的不當行為，就像一顆丟入水中的石子。如果大學教師觀想自己為小水盆，這一顆石子的確會像是掀起巨浪一般，驚天動地。如果大學教師觀想自己有如大江、大湖、大海，那麼這一顆石子頂多噗通一聲，激起小小漣漪而已，不足掛齒。因此，大學教師若能多做大度思考，對學生的某些不當行為能夠給予大器包容，不要反應過激或過度，通常也有利於情緒管理。

行為調整

前述六項思考多半是大學教師平時應建立的思維習慣。但若在課堂現場，面對學生出現不當行為，未能藉由前述的思考達到轉念，並且感覺自己惱怒的情緒逐漸升高時，則要記住生氣時不要留然採取行動此一大原則，並選用或並用下列幾種行為調整策略，來調整自己行將失控的情緒。

轉移注意焦點

曾有這樣的故事，一位教師進入教室，拿起筆在白板上畫了一個黑點，然後問全班學生看到了什麼，全班學生不約而同的回答：「一個黑點。」教師微笑著說：「好奇怪，你們怎麼都沒有看到更大的一塊白板？」這個故事有很多大同小異的版本，有時候告訴我們要理解那些我們認為的壞人或者表現不好的人，其實也有很多的良善之處或者優點、強項，不要因為一點汙點就全盤否定整個人；有時候則告訴我們不要拘泥於小細節，更要能夠關照全局或者大局。而在課堂常規管理上，對於大學教師的啟發則是提醒自己避免過度聚焦、關注那些行為不當的個別或少數學生。

基於人性常態，教師往往很容易過度關注那些課堂行為不當的個別或少數學生。如果課堂上大多數學生都出現不當行為，教師反而有必要先檢討自己。但既然是個別的、少數的學生，意味著有更多學生的學行表現還是良好的，因此教師自覺因少數學生的不當行為而開始出現惱怒情緒時，應該儘速提醒自己轉移關注焦點，刻意的改將注意焦點轉移到學行表現良好的其他學生身上，對著他們教學，不去看、不去聽、不去想那些行為不當的學生，避免被他們影響，甚至導致情緒失控，升高了衝突，耽擱了教學，也連帶影響了認真學習學生的權益與心情。

又例如：在某些課堂上，教師可能因為學生出席率低，甚至只有少數幾個學生尚未到課，因此就顯得沮喪，甚至動怒，或者就開始訓話，這樣做也往往頗有殃及無辜之嫌。被教師沮喪、動怒、訓話影響到的，不是那些沒有準時到課的學生，反而是那些準時到課者。因此，大學教師應該警覺並且轉移注意焦點，提醒自己永遠要為那些有到課、願意聽講的學生而準時開講、開心上課，不要因為那些沒有來、不想聽課的學生，而「連坐」懲罰了願意學習的學生。

深呼吸、喝口水、肌肉鬆弛

察覺自己因學生課堂不當行為而情緒即將失控時，大學教師可以考慮暫時停止教學，以類似暫時喘口氣、歇息一會的方式，透過深呼吸、喝水、肌肉鬆弛等，讓情緒獲得緩和。

深呼吸的方式可以採取「四七八呼吸法」，鼻子吸氣四秒，閉氣七秒，用嘴巴徐徐呼氣八秒，持續循環一小段時間。四、七、八只是一種參考，不必過度拘泥秒數，原則上就是快速深吸一大口氣，然後讓氣停留在肺部一段時間，然後再以緩慢的速度將氣吐出。連續深呼吸幾回，應該就可以放鬆或穩定情緒。

喝水除了可以用水本身的特質，讓煩躁的心情得以滋潤，讓漸升的怒火得以澆熄或降溫之外，喝水時也會暫時閉氣，達到前述暫停或放慢呼吸的效果。

至於肌肉鬆弛，只須採取最簡單的方式，教師盡全力握緊自己的拳頭，或者同時配合咬緊牙關、閉住呼吸，達到最極限的程度，約莫數秒之後驟然放鬆、恢復呼吸，然後再次握緊閉氣，再次放鬆呼吸，如此循環幾次，也可以幫助教師透過生理肌肉的放鬆，來釋放或緩和情緒。

也有人建議可以使用倒數的方式，暫停教學，然後默默倒數特定的數字，以期讓自己得以刻意緩衝，冷靜下來。但是要確保此過程不是蓄積怒氣，反而變成怒氣爆開前的倒數計時。

暫時離開教室

若學生課堂不當行為造成的情緒波動甚大，教師自覺無法透過前述轉移注意焦點，或者深呼吸、喝水、肌肉鬆弛等方式獲得緩解，則可以考慮暫時離開教室，透過暫時脫離壓力情境或人、事、物，避免情緒失控。

教師若選擇以暫時離開教室方式緩和情緒，可以假借某些說詞，例如：要去洗手間、拿取物品，或者不假任何說詞，甚至必要時透露自己受到學生不當行為影響，交代學生暫時複習剛剛的教學內容，或者預習後續將要教學的內容，然後離開教室。

由於此時仍為課堂時間，教師基於職責應待在教室，因此即使離開教室，也必須只是暫時的，而且不宜走遠，通常待在教室外面的走廊或附近區域，透過單純的獨處，或者來回的踱步，或者配合前述的深呼吸、喝水、肌肉鬆弛等，緩和自己的情緒。待情緒穩定下來，重新進入教室，向學生致歉，隨後回復教學活動。至於是否與全班或當事學生討論課堂不當行為，則視實際狀況或教師當下的判斷決定之。

第四章 適當的常規管理語言習慣

語言是課堂常規管理的重要工具或媒介。大學教師應養成適當的語言習慣，以期有效傳達常規管理訊息，發揮維持課堂紀律的效果，同時也讓學生有較佳的感受，不致產生爭議或升高衝突。

正向、引導式的語言

大學教師在課堂行為管理上應該儘量使用正向、引導式的語言，具體明確的告知學生應有的行為表現。例如：要學生注視教師並且認真聽講時，應該說：「各位請抬起頭來看這裡……」，或者「各位請抬起頭來仔細聽講……，謝謝！」直接、明確、堅定且尊重的提出要求學生做到的行為，讓學生知道教師的期待及自己應該做什麼。語末的謝謝，不完全是致謝的意思，實質意涵更接近英文的now，要求學生「馬上」配合，不要遲疑不定。

相對的，教師應儘量避免使用負向、請求、問題式的語言。使用以「不」字為主的負向語言，例如：「我講課的時候，你們不要私底下聊天。」或「你們不要頭低低的。」主要的問題在於這樣的語言偏向關注學生的不當行為，而非彰顯合宜的行為，學生知道教師不希望他們做什麼，但未必就等於知道要做些什麼。例如：知道不要私下聊天、不要頭低低的，但未必等於知道教師真正期望的是能夠抬起頭來，並看向前面的教師、黑板、投影螢幕，或者仔細聆聽教師講解。當然，在實務上，可以考慮兩面俱陳，一方面指出不希望他們做的不當行為，另方面提出希望他們能表現的合宜行為，例如：「我講課的時候，你們不要頭低低的私底下聊天，頭抬起來，面向這邊，並專心聽課。」若大學教師覺得直接引導方式較為強烈，則可以考慮以邀請合作的方式，邀請學生一起來表現合宜的課堂行為，例如：「各位同學，來，請抬起頭來……，看這裡……，我要請你們仔細觀察這一張模式圖……」。

教師課堂常規管理語言應避免使用請求式的語言，例如：「求求你們安靜下來……，拜託！」這樣的語言不同於邀請，而是帶有委屈、卑微的意味，其實並不適當、也不需要。學生在教師講課期間理應保持安靜，教師請他們安靜，這是正當的，不需要用卑微、哀告、請託的語氣或態度來表達。時下部分教師很習慣說：「請你們『幫我』把課本翻開到第五十八頁。」、「不好意思（或抱歉），考試時間結束了，考卷『麻煩』（或拜託）從後面往前傳。」這些「幫我」、「不好意思」、「抱歉」、「麻煩」、「拜託」等，似乎是受到國內某些商家服務人員制式語言訓練的影響，即使不是全然言不由衷，但都是不太需要的客套話。教師其實只要講「請」字即已足夠。例如：「請把課本翻開到第五十八頁」、「考試時間結束，請協助將考卷從後面往前傳。」

至於使用問題式的語言，例如：「你們能不能看這裡？」、「你們是不是可以保持安靜，並且專心聽講？」也並不適當。若語氣柔和一點，可能被解讀為哀求；若語氣強烈一點，可能被解讀為質問，都不是理想的表達方式。而且萬一學生故意給予否決的回答，教師陷入困窘，也不容易找到下臺階而化解尷尬。

表達真實直接的感受

面對學生課堂不當行為，大學教師應該適當管控自己的情緒，但不意味只能壓抑隱忍。教師在不攻擊學生人格，不妄加標記、譏諷、謾罵、斷語、挖苦、批評，不使用傷害、羞辱、嘲諷、讓人難堪的破壞性字眼的前提下，還是可以針對學生的不當行為表達自己的情緒感受。只是要記得自己表達情緒或者生氣的方式，要成為一種身教示範，教師應該使用自己期望學生在生氣或惱怒時應有的情緒表達方式，來表達自己的情緒。

若要對學生的不當行為表達自己的情緒，建議應該表達自己的初級情緒，不要是次級情緒，更不要有所謂的三級情緒。

所謂初級情緒，這裡的定義是「面臨特定情境時最自然會有的直接情緒反應」，至於次級情緒則是指「經過刻意包裝處理後的間接情緒反應」，不過這種刻意的包裝處理並不是理性的，而是壓抑改造之後，用另一種潛在更具傷害性、攻擊性的方式來表達。

舉例來說，大學教師在課堂上聽到兩位學生私底下交頭接耳說話，覺得受到噪音干擾，因此就說：「你們說話發出窸窸窣窣的聲音，我覺得很吵、感到很煩！」每個人聽到這樣的噪音，大概都會覺得吵、感到心煩，教師做這樣的初級情緒表達是很合理的，學生聽到教師這樣的糾正，沒什麼好辯駁，也就不太會有所反彈。

如果教師對學生說：「你們兩個是怎樣？不講話會死嗎？」或者「你們的父母是教你們到課堂上來聊天的嗎？」這樣的表達就屬於次級情緒，通常都是反擊式的責難，明顯的並不妥當，不過卻是大多數人習慣的情緒表達方式。

次級情緒已經不妥當了，我還發現有另一個或許可以命名為三級情緒的可能，意指經過包裝再包裝的情緒，通常以「罵人不帶髒字」、「拐彎抹角罵人」的方式表達。例如前例中，教師壓抑怒氣，改為幽幽冷冷的說：「有些人哪！不知道是不是上輩子老鼠當得不夠，這輩子還繼續在私底下窸窸窣窣的商量要去哪裡偷東西吃……。」這樣的表達就屬於三級情緒。三級情緒的表達在表面上聽起來似乎口氣較為緩和，甚至似乎有點幽默，但其性質經常已經淪為羞辱。學生聽到教師這樣帶有羞辱意味的指責，說不定就會惱羞成怒，與教師頂嘴、吵起架來。甚至其他同學也會對教師心生不滿，引發負面的漣漪效應（ripple effect），同情當事學生，一起對抗教師。

我—訊息

「我—訊息」（I-message）的溝通方式，乃是相對於「你—訊息」而言。「你—訊息」的溝通以「你」字開頭，焦點放在對方。例如教師怒道：「你們兩個給我安靜一點，你們搞不清楚現在是上課時間嗎？我不上課了，進度受到影響，你們兩個負責！」或者「你又在玩手機！難道就不能忍耐到下課才用嗎？你要我說多少遍才會聽？你是聽不懂人話嗎？」這樣的語言表達方式，想像中的畫面就是教師一手扠著腰，一手指著學生，整個人做茶壺狀，對著學生「你你你你你……」的說話，性質偏向指責、批判，語氣頗具攻擊性，容易引發反感抗拒，升高衝突態勢。

至於「我—訊息」溝通方式的焦點，主要放在「我」身上。具體言之，其溝通可以分為「行為事實」、「後果／影響」、「感受」三段，也有人主張加上第四段「建議」。依據此一架構，溝通或傳達訊息時，將依序陳述：一、實際發生的「行為事實」；二、該行為所產生的具體「後果／影響」；三、教師對該行為或後果／影響的「感受」；四、教師「建議」學生應該要怎麼做。

同樣以先前兩位學生上課時間聊天干擾秩序為例，教師的課堂管理語言就會改為：

阿家、阿義……，我聽到你們兩位一直聊天（行為事實），音量很大，影響我上課，也讓同學不能好好聽講（後果／影響），我覺得很困擾，擔心課上不完，也擔心同學們的學習績效下降（感受）。（我）希望你們兩位能夠安靜聽課，有話下課再聊，謝謝（建議）。

「我－訊息」這樣的語言架構，性質比較偏向是一種陳述，語氣比較緩和，不帶攻擊性，不容易引發反感或反彈，或升高衝突態勢。大學教師在課堂上傳達常規管理訊息時，可以改用「我－訊息」這樣的語言架構。不過包含大學教師在內的多數人並不熟悉這樣的語言架構，因此需要有意識的刻意練習，才能成為習慣。

以利害勸導或幽默取代責罵

對於學生課堂不當行為，大學教師免不了還是會加以「責備」。所謂的責備，在現在一般人的概念中，已經被狹隘化，變成是與「責罵」同義的語詞。但是，責的意思是「求」，備的意思是「全」，責備原本的意思乃是「求其全也」，也就是要求對方能夠表現出較完善、周全的行為或狀態。既然是求其全也，那麼大學教師責備學生時，可考慮使用責罵之外的其他方法來達到目的。

大學教師可以考慮透過以利害分析結合勸導的方式來取代責罵。例如：課堂上許多學生低著頭、目不轉睛的盯著手機，教師暫停教學，勸他們要在對的時間做對的事，專心上課，為前途打拚。此外，也可以請學生想想，如果此時將教室窗簾全部拉起來，熄滅燈光與所有光源，他們眼前這臺手機的螢幕亮度，是不是就相當於一個手電筒（學生一定有這樣的知覺經驗）？然後詢問學生，他們一定不會希望有人拿藍光手電筒一直照他們的眼睛，但是他們自己卻一天到晚近距離在做這件事。又例如：課堂上雖然不太會有學生囂張到戴著耳機上課，但偶而我也會對學生說，耳朵是用來通風的，不是用來堵塞的，提醒他們想想，長時間配戴耳機對聽力與耳道衛生的危害。

學生在課堂上喝茶飲，我不會加以禁止，不過有時候會跟學生聊一聊他們喝茶飲的成本與危害，包括告訴學生一杯茶飲可以買多少噸的水，喝一杯茶飲相當於吃下多少塊方糖，讓他們感受到茶飲相對於白開水不成比例的高價，以及糖對人體健康危害之劇。我也對他們說，課堂上三不五時的啜飲一口，等於讓自己的口腔長時間處於酸性狀態，對牙齒健康相當不利。簡單扼要、避免冗長囉嗦的善意提示，這些都是以利害分析結合勸導方式，對學生行為提出的糾正或建議。

此外，教師也可以使用幽默的方式來取代責罵。要能幽默回應學生的課堂行為，教師本身需要具有這樣的素養，對於東方多數教師而言，通常並非容易的事，不過還是可以嘗試為之。

自嘲就是一種可用的幽默方式。例如第一篇我提到以「抱歉，我只是副教授」來回應笑鬧著要交往「教授的女兒」的學生，就是一例。又例如：在分組討論時，教師聽到有某一組學生沒有認真討論，反而在討論最近上映的電影《逃出絕命鎮》，教師聽到後，走過去關心這一組的討論狀況，詢問討論有沒有疑問，最後督促他們儘速進行討論時，教師可以對學生說：「剛剛我聽到《逃出絕命鎮》什麼的，但我不管你們要逃出『絕命鄉』還是『絕命鎮』，如果你們不趕緊完成討論學習單，你們下課時會逃不出我的『絕命教室』。」

如果師生關係良好，責備語也可以發揮若干幽默創意，以不落俗套的方式來責備學生。例如對打瞌睡的學生說：「我不反對你跟周公交朋友，但請他下課之後再來找你。」幽默的語言可以提點學生，但學生又不會覺得太難堪，顯然是一個非常高妙的責備方式。

此外，也可以參考使用一些師生均能理解意涵的流行語言，例如：「你們最近的言語越來越『1256789』了！」（不三不四）、「喂！水昆兄會摸到大白鯊！」（混水摸魚），一方面可以傳達管教訊息，另方面也可以緩和管教必然會有的緊張氣氛，而學生聽到這樣的責備，通常都會發出會心一笑，也能瞭解教師的訴求。

三明治溝通技術

若要針對學生的課堂不當行為，與學生在課堂後進行晤談，由於這樣的晤談涉及到批評其錯誤不當行為，為了避免學生出現防衛機轉、抗拒心理，大學教師最好能夠採取「三明治技術」（sandwich technique）與其溝通。

三明治溝通技術係將溝通分為三層次或者說三步驟，以取代開門見山、直截了當式的批評或指正。對於錯誤不當言行的批評或指正放在中間夾心層，而在中間夾心層之上與之下，則給予正向肯定。依此模式，教師與學生晤談時，首先應該先肯定、讚賞學生的優點，其次才提出錯誤不當的事實，給予批評、指正或建議，最後要結束晤談時，再次回到給予學生正向、肯定與期許，必要時，承諾給予支持與協助，以此作為結束。舉個例子來說，如果某位學生課堂經常遲到，教師課餘以三明治溝通技術與其晤談，講話內容將會是：

> 某某，你以前修我的某某課程，表現很不錯，我對你印象滿好的。……不過，這學期的這門課，包含今天在內，你已經連續三週遲到，而且是課堂快要結束時才進教室，等同於缺課，是有什麼特別的原因嗎？（讓學生說明解釋）……

雖然有時候要上早八的課，爬不起來是難免的，但不能夠成爲連續遲到的正當理由。我不喜歡當掉同學，但如果你再繼續這樣，按照授課計畫，你會被扣減很多分數，甚至已經有不及格的可能，希望你能夠警覺，並且自我督促。你回去想幾個能夠幫自己早上準時起床的辦法，自我督促，準時起床。……

其實，以你歷來的優良表現來看，我想只要你注意一下生活作息，晚上不要太晚睡，要像以前那樣準時到校、學業表現良好，應當不是問題，我相信你做得到。……如果有困難或需要我幫忙的地方，請跟我說，我會很樂意提供你協助。

三明治溝通技術雖然以三明治作為譬喻，但也很像要給病人吃的藥物。藥物如果很苦，我們會將藥物裹上糖衣、放入膠囊、或者溶入糖水，病人才會比較願意吞服這些藥物或藥水。要給學生本質上不太能夠感到愉快的批評或指正，以三明治溝通技術取代單刀直入，在批評指正的前後都給予比較令人愉快的溝通內容，通常有助於該批評或指正訊息能被學生接受，避免主要想傳達的批評或指正訊息被對方的防衛抗拒心理所排斥。三明治溝通技術此種語言架構，也值得大學教師在與學生晤談時參考運用。

第五章　依情節採取不同管理策略

大學生課堂不當行為有著不同的類型，大學教師應該辨別並依據不當行為的類型與情節輕重，必要時並考量其原因，分別採取合宜的策略應對管理。依據情節輕重，大致上可以分為策略性忽視、低度介入、中度介入、高度介入等層次或類別來討論。

策略性忽視

策略性忽視不同於無能為力之下所採取的忽視，意指這樣的忽視乃是有目的性的。策略性忽視乃是行為主義操作制約學派增強理論中「消弱法」的應用。

學生課堂上出現的不當行為若是內向性、輕微性或偶發性的，或者是意圖吸引教師或同儕注意，以及屬於教師管教學生之後衍生的次級行為，通常建議優先考慮採取策略性忽視。但若屬於反覆干擾、騷擾、侮辱、攻擊、威脅健康安全等的行為，則不宜採用。

內向、輕微或偶發性不當行爲

學生出現內向性、輕微性、偶發性的不當行為，例如：兩位學生在課堂上低聲交頭接耳，或者教師並未對課堂手機使用行為訂有規範，而幾位學生三不五時滑了滑桌上的手機等，這類不當行為不致對教師或其他學生造成太大的影響，主要影響是當事學生自己，甚至對當事學生自己造成的影響也相對輕微，那麼大學教師即使察覺，也可以選擇刻意不加以關注與處理。

內向性的行為比較容易界定，至於何謂情節輕微、偶發、非頻繁，基本上還是仰賴教師心中那一把尺為標準來判斷。原則上，建議大學教師儘量表現寬宏的胸襟、見多不怪的大器，無須過度關注處理此類雞毛蒜皮的小事，以免過度關注反而讓這些不當行為擴大周知，造成教學中斷或師生關係緊張。

意圖吸引他人注意的不當行爲

課堂出現不當行為的學生，絕大多數不會期望被教師或其他同學發覺。但是也不排除部分學生會意圖吸引教師、同儕或兩者的注意，以滿足其被關注的欲望。例如：課堂上經常性的插嘴，頻頻舉手或叫喊、希望得到教師指名發言，或者扮丑搞怪、說一些不得體的話，博取眾人哈哈大笑等，這些是屬於會影響其他師生的外向行為，但若還不到太嚴重的程度，基於避免因為關注處理而不當增強當事學生的這些行為，導致未來更加頻繁出現，教師也應該優先考慮採取策略性忽視，故意不理會這些不當行為，裝作沒看到、沒聽見，或者讓當事學生覺得教師視而不見、聽而不聞，既不回應，也不懲罰。必要時，教師也要暗示其他學生，共同配合教師也對當事學生不給予任何正負向的回應。策略性忽視若運用得當，將使當事學生漸漸覺得自討無趣，因而收斂結束其不當行為。

不過，教師使用策略性忽視，學生也可能變本加厲。基於要讓策略性忽視發揮效果，原則上還是應該堅持不予理會。但是，若當事學生不當行為的影響程度已經升高到不宜繼續忽視的地步，此時應視為情節態勢已然改變，教師則開始要關注處理。處理時，通常是要求當事學生停止不當行為，轉而表現出合宜的行為，或者告知唯有在怎樣的條件下，教師才會理會等，旋即恢復教學，並持續策略性忽視其不當行為。這樣的告知，有機會讓當事學生的不當行為獲得約束，引導其展現較適切的行為，但又不至於讓該生獲得太大的滿足增強；另方面，這樣的告知也讓全班其他學生理解教師選擇消極處理的用意，不致誤以為教師不敢管教。

策略性忽視此種消弱策略，可以搭配正增強策略，構成「區分增強」一起運用。區分增強意思是指學生出現不當行為時，教師即策略性忽視，換言之，即消弱之；一旦該生出現合宜行為，則予以理會並肯定，換言之，即正增強之。區分增強展現出雙管齊下的機制，有機會使效果加倍。

次級行爲

在班級常規管理上，次級行為乃是相對於初級行為而言。初級行為是指學生那些違反班級規範、引發教師關注處理的最初不當行為。至於次級行為則是指教師關注處理學生前述初級行為之時（或之後），學生衍生出來的一些行為反應。學生被管教時，通常會心生不悅或不滿，因此很自然的就會表現出若干衍生性的不當行為，但是這些次級行為多半是一些輕微不明顯的壞臉色、壞口氣或小動作，例如：臭臉、皺眉、撇嘴、翻白眼、咬嘴脣、眼瞪天花板、嘀咕碎念、放縱的嘆氣、有點大聲的蓋起書本簿冊或坐下等，通常就是在發洩情緒、表達抗議。舉例來說，某位學生課堂違規使用手機，這是初級行為；教師趨前要求他收起手機，學生不甘不願收起手機的同時，嘴巴低聲咕噥教師愛管事，這就是次級行為。又例如：學生課堂上忙著寫其他學科的作業，這是初級行為；教師要求他收起來認真聽課時，學生惱怒的蓋起作業、收進抽屜，發出了一些碰撞聲音，這就是次級行為。

一般而言，學生表現的次級行為會比初級行為更讓教師感到惱怒，雖然如此，教師仍然應該要將關注處理的焦點放在初級行為上，避免過度關注處理次級行為，因此次級行為應優先考慮採取策略性忽視。例如前述兩個例子中，教師應該假裝沒看到、沒聽到，旋即回歸教學。若教師非常在意，認為學生態度不好，轉而針對次級行為進行管教，例如大聲追究：「你說什麼？你給我再說一次！」或者「你這是什麼態度？！」則並非所宜。

學生的不當次級行為也是不對的，但教師應優先考慮策略性忽視，主要原因有下列幾項：第一，大多數人面臨管教時，都會心生不悅或不滿，大學生也是一樣，因此只要輕微而不明顯，教師應該視為是人之常情，不必太過在意。第二，學生的次級行為雖然確實有所發生，但是往往並不明顯，學生很容易辯駁否認，回說「沒有啊」、「我哪有」。若教師還一味追究，很容易陷入各說各話的僵局，甚至越吵越凶，升高衝突，讓管教事件變成全班觀看的戲碼，弄得不可收拾，說不定下一分鐘，網路上就盛傳師生衝突而被其他學生側錄的影片了。第三，學生初級行為的處理通常可以快速完成，學生已經配合改正初級行為，即可恢復教學。若教師執著耽溺於學生次級行為的處理，往往會耗費時間，無法快速回到課堂教學，影響了教學進度及其他學生上課的權益。

有些大學教師還是會很在意學生的次級行為，認為不可以漠視、縱容。若教師認為需要處理次級行為，建議課堂上先擱置，等到下課時間，把當事學生找來，再私底下針對剛剛表現的次級行為進行後續處理，這樣會比在課堂上公開的、耗時的僵持衝突，要來得妥當許多。

低度介入措施

若學生課堂上出現的不當行為，大學教師認為不能忽視、必須適當關注處理時，鑒於課堂最重要的任務還是教學，因此最好能夠參考庫寧建議的「同時處理」技巧。在不中斷教學的情況下，透過鴨子滑水、不露痕跡的方式，平和但堅定的，快速且有效的，中止學生的不當行為。在此情形下，學生可以重新投入學習，而且僅有當事學生及教師雙方知悉，也符合「規過於私室」的訴求，可以維護當事學生的尊嚴與隱私；至多僅有周遭少數學生目睹知悉，心生警惕，產生小範圍的漣漪效應，但其他多數學生則根本不知道發生過這麼一件事，課堂教學不曾中斷的持續進行。低度介入常用的措施如下列所述，大學教師可以綜合選擇運用。

目光注視

大學教師一邊授課，一邊以目光持續注視出現不當行為的學生，一旦學生眼神與教師接觸，教師旋即以面部表情或者肢體動作，諸如搖頭、皺眉、噘嘴，比出不要說話的禁語手勢，或者做出收起物品的示意動作，對當事學生傳遞警示訊息。一般而言，學生發覺教師注意到自己，並且接收到教師非口語發送的警示訊息，多半都會收斂其不當行為。

必須注意的是，使用目光注視、眼神接觸方式傳遞管教訊息時，教師的目光必須平和、嚴肅與堅定，不可以閃爍飄移，但也要避免怒目瞪視。更重要的是，當學生接收到教師眼神與動作傳遞的管教訊息之後，教師就要移開視線，不可以持續緊盯，不然會讓學生感覺被持續挑釁、壓迫，有可能引發學生質疑「看什麼看」之類的對抗衝突。

身體接近或教室走動

大學教師以講述方式教學時，基本上要駐足在教室前方中間的適當位置，以眼光環視照顧全班，這樣全班學生才可以看見教師以及其表情或肢體動作等。教師不宜像是一生無止盡必須游動的鯊魚一般，持續「逡巡」、「漫游」在學生座位之間，使得學生失去視覺焦點。

但若發覺有學生出現不當行為而有必要關注處理時，可以一邊講課、一邊走下講臺，慢慢的走到當事學生座位旁邊（注意不宜疾步趨近），此即所謂的身體接近。當事學生發覺教師走近，通常都會有所警覺，也大概知道教師走過來接近自己的原因，往往即可收到約束、制止的效果。必要時，教師可以使用若干非口語的表情或肢體動作示意，或者輕點其桌面，指一指某個標的物（例如：手機、其他書籍），提醒學生停止其不當行為，或者以合乎倫理的方式喚醒學生。教師也可以預先設計書寫有常規管理圖文的卡片，在身體接近時遞給當事學生，並要求收到卡片的學生應於課後繳還，當事學生看到卡片，即可知悉教師的意思，而在學生繳還卡片時，教師則給予簡要的晤談、輔導。

使用身體接近的方式，教學沒有中斷，其他多數學生若沒有特別注意，可能也不知道教師剛剛進行了一次課堂不當行為的管教。對於較輕微的課堂不當行為管理，這是頗值得採行的方式之一。不過同樣要注意，當學生已經接收到教師的訊息之後，大學教師也要儘速離開，回到教室前方中間的位置對全班繼續教學，不可以逗留在當事學生座位旁邊監督，以免當事學生感覺持續被壓迫。

類似身體接近的做法還有教室走動，包括行間走動或組間走動。教室走動通常適用於學生討論，或者在座位上獨立做作業練習時。此時以學生學習活動為主，教師並不多講述，因此可以走下講臺，在學生座位行列間或小組間走動巡視，走動巡視本身即可發揮身體接近的督導效果。此處的重點是若發現有特定學生或小組出現不當行為或未能投入學習，則可以特地趨前並配合口語關注處理。

在此情況下，教師接近當事學生或小組時，不要開門見山的指出其不當行為，而要先關注他的學習任務，詢問當事學生是否瞭解學習任務，有無困難或疑惑，例如低聲說：「哈囉，某某同學……知道現在要做什麼嗎？」、「你的作業進行得怎麼樣了？」、「需要幫忙嗎？」，或者「我可以怎樣幫你嗎？」最後才針對教師剛才看見的不當行為給予指正，例如低聲但堅定對學生說：「順便提一下，那個手機……，請收起來，下課再用。」關注處理完畢，同樣應該離開，不要逗留，但在要轉身離去的時候，可以告知待會教師會再過來檢視其學習任務進行的情形。如果教師再回來檢視，當事學生確實已投入學習，則予以肯定鼓勵，藉此亦可修補剛才因管教而可能出現的師生關係緊張或裂痕。

提及學生姓名

在不中斷教學的情況下，大學教師也可以透過提及出現不當行為學生姓名的方式，來達到警示效果。例如：使用當事學生的姓名來替換講述或例題中的人物名稱，或者點選出現不當行為學生回答問題、發表意見、或者複述剛剛的授課內容等。

一般而言，課堂上突然被提到或點到，特別是平時這位大學教師並不太會提到或點選學生發問時，大學生通常會意識到教師是在傳遞管教訊息。然而，此種方法對於那些刻意想要吸引教師注意的學生而言並不適用。另外，更重要的是，大學教師必須要能認得學生的姓名，方能有效使用此種方式。

中度介入措施

若大學教師認為學生課堂上出現的不當行為無法透過低度介入措施有效處理，或者已經使用低度介入措施但並未奏效時，則應考慮採取中度介入措施。

提高音量

大學教師透過突然提高講話音量，來制止學生某些課堂不當行為。這種做法一方面是讓自己較大的音量蓋過干擾噪音，更重要的是透過突然變大音量，讓出現不當行為的學生意識到教師的警示。

必須注意的是，提高音量這種做法並不一定能確保當事學生接收到或正確接收到警示訊息，可能需要搭配目光注視等方式。此外，突然變大聲量，勢必也會讓沒有出現不當行為的學生驚覺而感到訝異，課堂氣氛變得略顯緊張。

移除分心物

如果學生是被手機或其他非課堂相關的書籍物品，或者被其他人、事、物吸引，而出現分心行為，大學教師可以採取移除分心物的方式，來中止學生不當行為。例如：教師一邊講課、一邊走近學生座位，然後收繳物品、由教師暫時保管，或者將窗戶關閉起來等。透過分心物的移除、情境的改變，來中止學生分心不當行為，使其重新投入學習。

如果移除分心物是收繳並代管學生的物品，很容易因為學生不滿、不悅而衍生前述的次級行為，更嚴重的是，可能遭遇學生的抗拒。若學生不願配合，教師堅持收繳，將陷入僵局或爭奪，出現師生拉扯的局面，極具風險。因此，對於大學教師而言，原則上不建議收繳並代管學生的物品，而以要求其收起來為原則。

策略性暫停

大學教師有意的突然暫時停止教學，處於「停電」、「消音」狀態，同時加上面無表情或者略顯嚴肅的表情，眼睛注視當事學生，靜默十幾秒鐘。全班學生，包含出現不當行為的學生，對於課堂突然陷入寂靜，都會感到突兀，抬頭看向教師，當事學生本身或者在同儕的提醒下，通常就會意識並接收到教師的警示訊息，從而停止其不當行為。

使用策略性暫停，課堂氣氛會顯得有點詭譎緊綳，而且已然牽連到其他無關學生，因此若當事學生已經接收到訊息並開始改善時，教師應旋即恢復正向的臉色與態度，並繼續教學。若適當，在恢復教學之前，可以向全班其他同學簡要致歉或者道謝。道謝主要是謝謝其他學生包容、等候教師方才對特定同學的管教，但一般而言，致歉比道謝較佳。致歉一方面緩和其他受牽連學生的負面情感，另方面也形成同儕社會壓力，讓當事學生感受到其不當行為會牽連其他同學，更能收到約束、制止的效果。而其他學生因為教師的致歉或道謝，通常會對教師的管教抱持正向支持的態度，因為教師展現了合宜的課堂權威，維護了教師教學的權利，也維護了他們學習的權益，而且終止了某些也讓他們感到困擾、厭煩的同儕不當行為。

高度介入措施

若學生課堂上出現的不當行為較為嚴重，明顯危害教師與其他學生的教學權益，不適合使用低度或中度介入措施處理，或者已經使用低度或中度介入措施但並未奏效，此時大學教師則應果斷明快的採取高度介入措施。

高度介入措施勢必會中斷教學，並讓當事學生的不當行為公開，通常會需要略多一點時間，但同樣的仍應力求簡短迅速，切忌費時冗長、嘮叨碎念，喋喋不休的指責或指正學生，引發當事學生甚至其他學生的厭惡反感。若有延伸處分或輔導之必要，應在課堂結束之後再行追蹤實施。

由於會耽擱影響其他學生的時間較長，因此大學教師必要時可以先向全班致歉，例如：「對不起，暫停一下，我先處理一件事。」然後再針對當事學生的不當行為進行處理；而處理完畢，恢復教學時，再次對全班學生致歉或道謝。

描述事實與行爲引導

舉例來說，兩位學生持續交頭接耳並發出窸窸窣窣的噪音，大學教師呼喚這兩位學生，待學生注意並看向教師時，簡單扼要且直接的描述其不當行為事實，對他們說：「我看到（聽到）你們兩位一直交頭接耳、竊竊私語……」，又例如：某位學生不斷地轉筆又掉落桌面、發出噪音，教師對他說：「某某……，我聽到你轉筆一直掉落桌面發出噪音……」由於描述的是客觀事實，不帶評價，學生無從否認、辯駁或者遷怒教師。這樣單純的描述行為事實，有時即已足夠。

如果必要，大學教師還可以加上行為引導，簡要且直接的提出教師期望或要求表現的正向行為，例如：「我看到你們兩位一直交頭接耳、竊竊私語……，請面向這邊並專心聽講。」或者「某某……，我聽到你轉筆一直掉落桌面發出噪音，請停止轉筆或者把筆收起來。」

大學教師也可以使用「我－訊息」方式，對當事學生說：「某某……，我聽到你轉筆一直掉落桌面發出噪音（行為事實），聲音很大，影響了我的上課，也妨礙同學聽講（結果／影響），這讓我覺得心煩意亂（感受）。請你停止轉筆或者把筆收起來（建議／行為引導）。」

重申課堂規範

如果學生的不當行為涉及課堂規範，教師可以堅定、平和且直接簡要的對當事學生重申課堂規範。例如：教師暫停教學，面對當事學生說：「某某同學，依據課堂規範，上課時間不可以使用手機。」有時候，只要提醒課堂規範即可，大學生自然可以心領神會。有時候也可以在重申課堂規範之後，加上要求學生遵守的提醒，例如：「某某同學，依據課堂規範，上課時間不可以使用手機，請你遵守大家說好的課堂規範。」必要時，還可以再加上前述的行為引導，請當事學生一方面要結束不當行為，另方面要表現出應有的適當行為。

大學教師重申規範後，應短暫的稍待，觀察學生行為改善情形。若已經改善，或開始出現改善行為，則立即恢復教學。必要時，一如前述，也可以向全班其他學生致歉。

但若當事學生表現出遲疑而未能改善的態度，可以第二次重申，必要時可以考慮第三次重申，在第二、三次重申課堂規範的語末，可以加上「儘快」、「馬上」或「謝謝」。此處的謝謝，雖不無感謝當事學生配合之意，但改善不當行為乃是學生的義務，並無須感謝，因此更主要的用意是督促，有點「老師都已經跟你說謝謝了，你還好意思不改善嗎？」的意味。

反覆三次重申課堂規範的做法，乃是肯特夫婦（L. Canter & M. Canter）「果斷紀律」（assertive discipline）班級管理模式倡議的「破唱片法」（broken-record response）的運用，主張管教學生不當行為時，若學生有所猶豫，教師則類似刮損、跳針的破唱片那樣，反覆提醒課堂規範，要求學生修正行為。但是要注意，教師乃是要反覆重申課堂規範，而非質問學生。而且即使只是反覆重申課堂規範，氣氛或多或少都會顯得頗為緊張，因此反覆以三次為限，若學生仍不遵守，則應結束管教、恢復教學，對其持續的不當行為做策略性的忽視，或者告知後果，例如：「看來，你是選擇依據課堂規範來處理了……」其餘都等待課後再行處理。

提供「選擇」

大學教師關注處理學生課堂行為時，對於學生的行為引導，可以直接明確的提示。不過單一選擇的提示，感覺帶有強制性或命令性。若適當，可以技巧性的提供或提示學生一個以上的「選擇」。

提供選擇的設計訣竅是其中一項選擇是教師期望的，另一項選擇則是學生不可能選擇的。例如：對於課堂上把玩手機的學生，教師可以說：「你要把手機收起來？還是交給我暫時保管？」或者「你要把手機收進背包？還是拿到前面放在我的講桌上？」對這兩項選擇，學生當然不會願意把手機交給教師保管或放在教師的講桌上，因此就會「就範性」的選擇將手機收起來這項教師期望的行為。因此，提供選擇雖然看似提供兩個行為選項，但其實只有一個。不過，表面上看起來有兩個選擇，感覺就比較緩和且有彈性，而且仍然可以達到教師常規管理的目的。

但若學生拒絕就教師所提供或提示的任一「選擇」做選擇，換言之，不願改善其不當行為，此時僅須平和的告知行為後果。例如：「某某同學，你不收起手機也不願繳出手機，繼續使用，那麼依課堂規範，我將記錄你違規一次。」告知之後，一如前述，即結束管教，恢復對全班學生授課，對其不當行為則策略性的忽視。教師不要與學生搶奪，或者進一步嘮叨或訓斥。

留置晤談

由於力求保障其他學生學習權益，避免因管教而耽誤太多授課時間，或變成全班學生觀看的公開戲碼，以及避免當下情緒激動而升高衝突態勢等原因，因此對學生課堂不當行為的關注處理都應力求簡短明快。簡短明快意味著課堂上僅處理了整個管教程序的一部分，尚有部分程序必須在課堂之後繼續完成。而且課堂上簡短明快的處理，通常僅止於「管」，沒有機會及於「教」。因此，如果依規範或者教師認為有必要，可以在管教行為即將結束時告知學生：「待會下課時，請你留下來跟我談一談。」

有些學生可能置之不理，下課後一溜煙的就閃人離去，大學教師無處尋人，此時即依課堂規範進行處分，或者留待下一週上課時再行追蹤約談。若學生配合留下，教師應該在視覺公開、但聽覺避開其他學生的場地，與學生私下談話。

留置談話時，切記避免出現嘲諷當事學生「活該被留下來談話」的神情、態度或語言。大學教師可以使用三明治溝通技術與學生晤談，或者先向學生表達必須課後留置他的遺憾或無奈，然後以平和的態度，說明其課堂不當行為事實及利害影響，必要時讓學生陳述意見或辯護，最後告知學生仍然應該接受的處分，以及未來應有的行為改善（也可以請學生自己說）。若學生能夠諒解，或者教師提出當事學生若干可資彌補處分的措施，也有機會修補已產生裂痕的師生關係。

對於其他學生而言，他們在課堂上聽見大學教師要求當事學生課後留下來，而且課後也確實看到教師留置學生進行追蹤輔導，就會感受到教師展現貫徹落實課堂規範的決心與行動，學生違規犯錯確實會被追究，以及必須承擔邏輯後果，受到某種處罰或處分，這對未來的課堂常規管理也將發揮正向的漣漪效應。

暫停或隔離

若學生在課堂上出現諸如吵架打架、叫囂喧鬧、譁眾取寵、抬槓對抗、遊戲嬉鬧、捉弄騷擾、丟擲物品、侮辱貶抑師生、威脅他人安全等嚴重的不當行為，教師應審慎考量採取暫停（time-out）或隔離對策。

教師不宜像中小學教師那樣，訓令不當行為的大學生在座位上或到教室後面，更不宜訓令其到教室走廊或任何其他地點站立反省（罰站），以免引發軒然大波。對於大學生而言，大學教師反而比較適合暫時中止這類不當行為學生的學習權利，要求其離開教室，使其與其他師生能夠有所隔離，以達到局面的初步控制。例如：教師以平和但堅定的語氣與態度，對在課堂上大吵大鬧的學生說：「你吵鬧的行為已經嚴重影響到全班師生教學的權益，我現在鄭重的要求你離開教室。」這樣的處分有點類似「驅逐」學生，只是不要使用「驅逐」的字眼。

若當學生離開，由於事件稍微重大，因此應稍微平撫一下自己或全班其他學生的心緒，隔個半分鐘之後，對全班致歉或道謝，再恢復教學。若學生不肯離開，且持續嚴重干擾課堂，則教師應該自己或委請學生通報學系、學務處或者校安人員前來支援，請他們協助帶離學生。至於學生滋擾課堂的處分，則事後再依據課堂規範或校規來追究處理。

第六章　衝突因應與化解

雖然有人說衝突是危機也是轉機，可以帶來若干正面效益，但面對與處理衝突的過程壓力巨大，而且具有高度不可預測性與風險，結果很難毫無負面影響，因此仍應力求防患未然，避免發生。

大學課堂發生衝突事件的機率不高，但並非絕無可能。萬一課堂上與學生發生衝突，大學教師自覺理虧，即時認錯道歉並修正自己，當為上上之策。若問題根源主要出自學生，則應視衝突情境與情節採取不同的處置。衝突事件的應對與化解，多半是公開外顯的，全班學生睜大眼睛觀看教師如何應變處置，處置得當與否也會攸關後續發展與最終結果，因此不得不慎。

除課堂上與學生發生衝突之外，大學教師也可能面臨學生提出申訴、投訴或訴訟，或者遭遇課堂學生彼此間發生衝突，該如何面對或介入處置，也都應有所思考。

面對爭辯

大學教師關注處理學生不當行為時，部分學生會企圖爭辯，鑒於課堂不當行為的處理應簡短明快之原則，此時建議教師應即時「制止」，或者搭配「部分同意」策略，避免與學生糾纏。

制止

所謂制止，是指教師有技巧的中斷學生的持續爭辯，不要掉進學生對管教事件的拖延泥淖中。例如：教師糾正兩位學生私底下聊天，學生爭辯：「全班講話的又不只是我們兩個，其他同學也有講話，你為什麼只管我們，不管其他人，你是不是……」，當教師意識到學生出現類似這樣「勾勾纏」牽拖的企圖時，不須靜靜的、耐心的聽他們把話說完，此時平和的張開單手或雙手，手心朝向學生，展示出停止的手勢，必要時搭配搖頭或口語的「停～」輔助，示意他們停止發言，然後再次要求學生結束私下聊天、表現合宜的行為即可。教師此一動作隱含的語言是：「我對你們為何要講話，或者還有其他誰在講話等，並不感興趣。現在請你們聽從我的要求，停止聊天，面向前面，並且專心聽講。」藉此迅速結束爭辯，重新回到教學上。

如果學生提及其他同學，教師也可以回應：「如果注意到其他同學有類似行為，我也會處理，而我現在是在跟你（你們）說話。」或者「我待會會處理其他同學的行為，而我現在是在跟你（你們）說話。」

部分同意

有些學生在爭辯時，會提出一些說詞辯護自己行為的正當性，大學教師對學生的這些說詞可以採取「部分同意」策略來應對。所謂部分同意，是指「不否定、也不完全肯認，而且也不想探查真相」，因此慣用的發語詞為「即使……」，或者類似的「就算……」，或者「我不在意……」，相當於英語中的I do not care 或I do not mind。例如：關注處理學生課堂違規使用手機時，學生爭辯說：「其他老師沒有一個會管我們上課使用手機，就只有你特別愛管……」教師不要否定，也不要追究學生所言是否為事實，也不要嘲諷或挖苦其他教師做或不做什麼，例如不要回應說：「真的嗎？我不信，不要騙我！」、「真的嗎？（轉向問其他學生）各位同學！其他課堂的老師真的都同意你們上課使用手機？都不會管嗎？」（學生可能避而不答，或者會相互維護，造成教師下不了臺），更不要說：「你不要拿其他那些不負責任的爛老師來跟我說東說西……」（無端製造同事之間的紛爭）。教師對於學生這樣的爭辯，只需要說：「即使其他老師同意（或不會管），但我們共識訂定的課堂規範很清楚。手機收起來，謝謝。」部分同意的目的其實也是制止，制止學生轉移焦點，拉回課堂規範，避免糾纏牽拖，儘速結束不當行為的處置。

學生不當的批評

大學課堂上偶而會發生學生在大庭廣眾下，對於教師或同儕的外貌衣著、發言內容或其他事項，公然說出一些不禮貌的語言，例如：批評、否定或嘲諷等。由於此類行為不適合策略性忽視，置之不理並非良策，大學教師應簡單扼要的關注處理。

關注處理此類行為的方式，大約可以分為四種類型或層級：第一種處理方式是幽默以對。主要是學生對教師發出輕微的不當語言時，教師以幽默或自嘲方式予以化解，有點四兩撥千斤的意味。例如學生說：「老師，你傻啊？」教師回應：「真糟糕，祕密被你發現了。」或者「可是我做過N次智力測驗，分數都在一百二十以上耶！」

第二種處理方式是冷處理。大學教師帶著苦笑或嚴肅的表情，對當事學生嘟嘴、攤手、聳肩、皺眉、比出禁語或制止手勢，或者發出夾帶著質疑音調的「啊？」讓發出不當語言的學生以及其他學生看見、聽見教師對此不當行為的反對或反感。

第三種處理方式是教師對說出不當語言的學生說：「這樣說話，感覺很不禮貌（或者很失禮、很不尊重）。」或者「這樣批評同學，真的沒有必要（或者很傷人，讓人覺得很不愉快）。」或者以引導方式對學生說：「停～請用有禮貌（或者尊重他人）的方式表達你的意見。」

如果是比較嚴重的不當批評，或者經前述制止、糾正之後，仍然持續不當的批評嘲諷，甚至變本加厲，則考慮採取第四種處理方式，大學教師以簡要、堅定、平和但不帶敵意威嚇的態度，對說出不當語言的學生說：「我（或者同學）沒有用不禮貌的方式對你說話（或者批評你），請你不要用不禮貌的方式對我（或者同學）說話。」（基於「吾－汝關係」之平等原則）或者「對我（或者任何人）來說，這不是一個可以拿來開玩笑的事，希望你到此為止。」必要時，課後留置學生進行追蹤輔導。

嚴重或暴力衝突

大學課堂上，教師若不幸無法控制自己的情緒，與學生發生嚴重的當面衝突，無論是單向或相互的口頭攻訐，甚至是肢體衝突，此時最好菩薩保佑，能夠有第三者即時且適當的介入，制止教師、學生，或者隔開衝突的師生雙方。

如果衝突局面是學生對教師做嚴重的言行攻擊，教師研判自己有能力有效處置時，未必需要通報；但若研判教師單獨一人不易有效處置時，應商請學生通報學系、學務處或校安人員前來協助處理。若學生有攻擊教師身體的行為，原則上應適當防衛或躲避，切忌反擊，通常動手的一方在後續調處時會處於相對劣勢。

面對此類情境，教師最重要的是要抑制衝突擴大，緩和當事學生激昂的情緒，或者使其中一方暫時離開現場。若是學生離開現場，最好商請其好友或同儕跟出去關照。若是教師暫時離開現場，由於課堂職責仍在，通常是到走廊或教室附近庭園，就近持續看管教室，而非一走了之。

如果師生激烈衝突獲得控制，接著要先處理衝突雙方的情緒殘火，亦即「先處理心情，再處理事情」。如果學生情緒仍然激動，由於教師本身亦涉入衝突，因此最好能由其他人員或學生來協助安撫情緒。待雙方激動情緒平復下來之後，才儘速進行後續的調處。

若已通報學系或學校介入，且未撤銷，原則上由第三者主持調查、調處，教師本身則以化解爭端、解決問題的態度參與之。

若教師並未通報學校其他人員支援，則由教師與當事學生自行調處。大學教師本身擔任衝突事件的調處時，可以參考強生兄弟（D. Johnson & R. Johnson）提出的六步驟程序，與當事學生共同解決衝突：一、陳述自己的需求；二、陳述自己的感受；三、陳述自己的需求和感受的原因；四、總結自己對對方需求、感受及原因的瞭解；五、發展出三個能夠處理這個衝突的解決方案；六、共同討論選擇出一個對彼此有利的解決方案，並且雙方握手言和。

如果簡單一點，也可以依循下列程序進行：一、雙方先對發生衝突表達歉意；二、雙方陳述衝突事件之起因與過程，完整且共識性的還原事件原貌；三、雙方各自提出自己期望的解決方式；四、協調獲得雙方均認可接受的處分方式，包含更正式的道歉、和解，或者必要的賠償、補償、懲處或行為修正承諾等。

衝突事件調處告一段落，因為課堂其他學生也目睹事件的發生，受到驚嚇或衝擊，因此大學教師應與當事學生共同向班級學生致歉，並概略說明雙方取得的調解，以安定其他學生的心情，並避免謠言散播或杜絕效尤。

在不勉強或不難堪的前提下，教師可以設法重新修補與當事學生的關係。例如：刻意指派當事學生協助教師處理若干事務，製造接觸、接近的機會，適時給予肯定讚賞，或者提供抵銷所受懲罰的機會，藉此修補破損的師生關係，甚至達到更上一層樓的關係境界。

冷戰敵對

個別的、一小部分或全班學生集體展現出抵制的不合作態度，長時間與大學教師處於冷戰敵對的狀態，儘管沒有直接而激烈的衝突，但心理上的不愉快感也不亞於正面衝突。

要解決學生對自己的冷戰敵對，首先自然是要瞭解原因。大學教師可以與涉及的學生或全班進行坦誠的對話，或者找來與當事學生交情較好的同學，或是私下與對教師相對沒有那麼敵對的學生晤談，以探查原因；必要時，也可透過教師和學生都信任的第三者或者學生的重要他人來協助瞭解。

瞭解學生與教師冷戰敵對的原因後，大學教師自當對症下藥、嘗試化解。可能是與當事學生或全班學生當面晤談，或者採取寫信的書面溝通方式，澄清學生的誤解，傳達教師的想法與善意，或者承諾未來在言行、態度或想法、做法上會展現的改進，具體措施視情況而定。學生瞭解教師的想法或善意之後，即有機會鬆動、調整並重新開始。在關係稍微緩和後，大學教師不妨同時展現建立良好師生關係的積極行動，雙管齊下，將有機會更有效的促進冷戰敵對狀態的消弭。

如果透過上述的努力，冷戰敵對狀態仍未改善，教師應意識到不可能與所有學生都保持良好友善的關係，那麼在不擴大衝突的前提下，也就試著容忍至彼此教學關係結束。

面對申訴、投訴或訴訟

除了課堂上發生衝突，師生衝突也可能延伸在課堂外發生。其中值得關注的就是學生申訴、投訴（例如：寫信到教育部長信箱陳情），甚至是提起民刑事等司法訴訟。

教師若遭到學生申訴、投訴或司法訴訟，心理必定感到驚訝甚至憤怒，而且會因此而增添許多額外的時間負擔以及精神壓力。不過，就如同大學教師自己「感到」（只要感覺到即可）權益受到侵害時也會提出申訴、投訴或者司法訴訟一般，大學教師應該認知申訴、投訴或司法訴訟乃是學生維護其權益本來即被賦予的權利，我們也無從禁止，因此應予以尊重。

對大學教師而言，最重要且務實的是平時即以尊重、公平、合理的方式對待學生，並且嚴謹負責的實施課程、教學與評量，讓遭到學生提出申訴、投訴或司法訴訟的機率降到最低。若一旦遭到學生申訴、投訴或司法訴訟，如果學生有充分理由，則教師理應坦然承認錯誤，進行道歉、救濟或補償。若學生無充分理由，則檢具平時善加保存的證據資料，詳細說明，釐清疑點或誤會，讓案件得以結案落幕。

雖然被申訴、投訴或司法訴訟不會是太愉快的經驗，但既然發生，教師應依循聖嚴法師所言「面對它、接受它、處理它、放下它」，積極應對。對教師而言，畢竟也是人生一次少有的經驗，甚至是日後閒聊的話資。

化解學生同儕衝突

大學生之間發生衝突或摩擦，通常同儕會自行調處，或者靠時間慢慢淡化。而且一般而言，導師、學務處或輔導部門人員介入協調輔導的機會，相對比任課教師要來得高。但大學教師若在課堂上遭遇學生同儕之間發生衝突，因為自己是現場相對最具權威的一個人，因此也不能逃避或退縮，必須在第一時間適當的介入處置。

輕微的衝突

大學生同儕之間若發生諸如相互抬槓嘲諷、輕微的肢體碰觸或推擠等衝突，大學教師通常僅須低度介入之。除了最典型的直接下達停止命令、警示訊息之外，可以採取代勞策略，代替衝突雙方解決爭端問題，例如：把散落在地上的紙張代為拾起；也可以採取轉移策略，運用交互抑制原理，要求當事學生或全體學生從事某一件事務，例如朗讀課文、作練習、寫作業等，使學生因為必須做另一件事而無法延續衝突。

當下制止學生繼續或擴大衝突，通常即已足夠。若必要，大學教師事後可以找衝突雙方前來調查瞭解、調處解決以及教育輔導，力求雙方均能滿意的解決爭端、釋放情緒，避免再掀衝突。

強生兄弟對仲裁他人的衝突，建議依循下列步驟協助調處，大學教師可以參考之：一、結束雙方之敵對狀況；二、向衝突雙方尋求對仲裁過程的認同；三、仲裁者幫助衝突雙方成功及有效的彼此談判（參考前述衝突調處六步驟）；四、將雙方所達成的協議具體化。仲裁過程中，大學教師應處於中立立場，約定雙方應以解決問題為目標，尊重對方表達意見的權利，盡可能誠實，並且要履行達成的解決方案等，有原則且有技巧的協助學生調解衝突。

嚴重的暴力衝突

課堂上個別學生或學生群體之間，若不幸發生嚴重的暴力衝突，大學教師應以危機事件視之，迅速、積極且果斷的應變處理。

衝突發生時，大學教師應自行或派人儘速通報學校層級的緊急應變人員前來支援。除通報外，應該盡最大能力制止衝突局面的持續或擴大。制止衝突持續或擴大時，不宜逆向操作，企圖使用嘲諷、激化方式來制止衝突，例如：「打呀！打呀！有本事就打呀！」、「你們兩個乾脆打死好了吧！」等，雖然此種逆向操作方式有時候也可以停止衝突，但萬一衝突持續或加劇，教師難辭挑撥或鼓動之咎。較合宜的方式應該是大聲命令：「你們兩個！馬上分開！」、「通通離開，回到自己的座位上，快點！」若可能且適當（例如：沒有性騷擾、受傷等疑慮），教師也可以量力為之，嘗試以身體介入衝突雙方之間，或者拉開、環抱約束攻擊者；或者依據平時對學生的瞭解，催請有能力的學生上前制止，例如：「（具體指出想要催請的學生）你們兩位男生，上前幫忙拉開他們！」催請時一定要具體指出對象，不能說：「看看有誰可以……」，因為後者容易造成觀望，認為自有他人會介入。

制止衝突時，還應該禁止旁觀學生鼓譟、煽動，訓令旁觀學生坐回座位或離開。如果衝突中造成傷亡，應立即對傷患進行急救處置。學校支援人員到來之後，原則上即交由他們接手處理，後續則視需要提供事件發生經過之證詞。

發生此類嚴重暴力衝突事件，相關訊息應由學校指定的發言人對外發布，教師儘量避免接受採訪或在網路上傳布訊息。若必須發表意見，通常應先表達遺憾，適度說明經過確認的訊息，對不確定的事項則不妄加臆測，以杜絕錯誤訊息的散播。

第三篇

學習動機

教育學教授受邀到其他大學演講，分享大學相關的教學策略與方法。席間他頗爲強調激勵學生學習動機的重要性，尤其是對大學生，他認爲更是要「大大的」激勵他們的學習動機。

說著說著，他故弄玄虛，神祕兮兮的問與會教師：「爲什麼大學生要『大激勵』呢？」

有老師回應說：「因爲大學生學習動機相對最爲低落？……」

教授說：「不對，主要是因爲『大激勵，痠痛才會好利利』！」

第一章　教學之道惟激勵學習動機而已

學習動機對於教學行為的產生、延續與成效獲得，至關重要，甚至可以視為是教學最首要的因素。而廣義的學習動機包含頗為多元的歷程或面向，大學教師必須均能兼顧，並尋求適當的對策，來改善或提振大學生普遍低落的學習動機。

學習動機的範疇

大學教師應該激勵學生學習動機，其中之一是針對一個單元或一次課堂教學而言，在單元或課堂開始之初，激發學生對該單元或該堂課的學習動力。但是學生的學習動力不能僅止於單元或課堂剛開始的那幾分鐘，一個單元通常要進行好幾堂課，即使是兩節的課堂，也要持續實施大約一百分鐘左右的一段時間。對這後續的歷程，教師仍然必須繼續維持學生能夠投入學習的動力。

對此，或許可以稱呼單元或課堂開始之初所從事的是「引起學習動機」，後續從事的則稱為「維持學習興趣」。如果以現在家家戶戶使用的瓦斯爐為譬喻，前者就像是使用瓦斯爐的點火裝置來點著爐火，後者則像是點著之後，透過源源不絕輸送出來的天然氣或瓦斯，較長時間的維持適當爐火。要能烹飪一道道菜餚，必須同時兼顧起初的點火，以及後來持續的爐火，方足以完成。同理，學習動機的激發應包含初始的引起動機，以及後續學習興趣的維持。

各單元或課堂後續的學習歷程，不僅要持續維持學生的學習興趣，由於學習歷程可能會遭遇到困難，學生無法立即學會某些概念或知能，因此也要讓學生能願意設法克服困難障礙，不會輕易放棄，打退堂鼓，這種屬「毅力」概念的學習動力，也包含在學習動機的範疇內。

除此之外，超越單元、課堂、甚至學科教學之層次，從較為鉅觀或整體的層面，大學教育持續四年，乃至於基於生涯發展或終身教育的理念，人們終其一生都應該要持續不斷學習，因此大學教師還要思考如何激發學生普遍性的學習動機。

教學之道無它，惟激勵學習動機而已

如果沒有動機，基本上就很難有真正的投入、努力與行動開展，很難獲得效果。人生萬事皆然，教育或學習也不例外。

古諺說：「你能把一匹馬牽到水邊，但是你無法強迫牠飲水。」學生來到課堂，不必然就會如教師所想所願的那般專心投入學習。更何況，有些學生還是那種不想走到河邊的馬，教師要讓牠飲水之前，還得費心把牠拉到河邊。

教育界也常提到「授人以魚，不如授人以漁」，也就是一般常說的：「與其給學生魚吃，不如教學生釣魚的方法。」這句話說得很不錯，很有警惕性與啟發性，但是也仍有補充的空間。不管是直接給魚，還是教學生釣魚，都還必須更前置性的設法「讓學生想要釣魚、想要吃魚。」否則給學生魚，學生不想吃，教學生釣魚的方法，學生也根本不想學，一切也是枉然。在教學上，就是要先讓學生能有學習的動機或意願。

擔任過美國教育部長的貝爾（T. Bell）曾說：「關於教育，有三件事情我們要謹記：第一件是動機，第二件是動機，第三件還是動機。」這句話著實讓人印象深刻。由美國前教育部長口中講出這樣的話，顯見對教學或學習而言，激勵學生學習動機是多麼重要與首要，甚至幾乎可以說是唯一重要的一件事。德國教育學家福祿貝爾（F. Froebel）曾說：「教育之道無它，惟愛與榜樣而已。」而在這裡，似乎也可以成立這樣一句話：「教學之道無它，惟激勵學習動機而已。」

我常覺得，如果我們的學生本然的就能具備高度的學習動機，或者在教師的激勵之下能夠展現高度的學習動機，教學這件事大概已經完成了百分之九十。我們安排的課程教材即使再困難，教學方法即使再單調、無趣或辛苦，學生能有高度的學習動機，都仍然會願意承擔歷程中的艱苦，面對遭遇到的困難或障礙，跟著教師好好學習。

學習動機的學理與實務

有太多的教學相關學理、研究或實務都在在聚焦或強調學習動機。首先，就教育規準而論，談到教育的規準自然要引述英國教育哲學家皮德思（R. S. Peters）的見解。皮德思認為，教育應該遵循「合價值性」（worthwhileness）、「合認知性」（cognitiveness）以及「合自願性」（voluntariness）三大規準。其中「合自願性」強調教育過程應儘量符合學生的自發意願，讓學生在自願的情況下進行學習，此項規準可以用「方法要『美』」來理解，與學習動機密切相關。受教育或學習的歷程，不同於看休閒雜誌或瀏覽娛樂網頁，本質上必然帶有一定程度的辛苦，日文把學習這個概念寫做是漢字的「勉強」兩字，即傳遞著這樣的意涵，因此過度主張快樂學習，以為受教育、學習的歷程應該輕鬆愉快，其實也是一種偏頗。雖然如此，如果教師可以引導學生自動自發，無須太多逼迫，就願意進行學習，這就是美的教育方法；反之，若要施加巨大的強迫威逼，那就是不美的教育方法。而好的教育應該無需太多威逼勉強，而激發學生學習動機，就是落實合自願性此項教育規準的重要做法。

其次，教學應注意的重要原則可以歸納為八大項：教學前應把握「準備原則」、「類化原則」與「自動原則」，教學中要把握「興趣與努力原則」、「個別適應原則」與「社會化原則」，教學後要把握「熟練原則」、「同時學習原則」，其中的「自動原則」以及「興趣與努力原則」都與學習動機有關。自動原則強調教師在教學開始之初，應激發學生內在自發主動的學習意願或欲望，使其能夠不假外力督促，便能願意投入學習。孔子有言：「不憤不啟，不悱不發。」孟子也曾說：「君子深造之以道，欲其自得之也。」這些言談都呼應著教學的自動原則。至於「興趣與努力原則」則偏向於教師應維繫學生較長期性的興趣與毅力，使學生能持續投注於學習活動中，甚至在學習遭遇到困難障礙時，也能透過適切的努力來設法克服或解決，不輕易放棄。

再者，例如：期望理論、ARCS動機模式等，更是專門聚焦探究學習動機的激勵或維持。舉凱勒（J. M. Keller）的ARCS動機模式為例，本模式綜合性的指出激勵學習動機應兼顧「注意」（attention）、「關聯」（relevance）、「信心」（confidence）、「滿意」（satisfaction）四項要素。「注意」主要是喚起學生的知覺或關注；「關聯」主要是讓學生覺得學習與其密切相關，具有意義或者可以實際運用；「信心」主要是指讓學生相信自己有能力或機會成功學習；「滿意」則主要是指讓學生能夠成功學會或應用所學，獲得成就滿足感。妥善安排這四項要素，即能面面俱到的激發學生學習動機。

就實務面而言，單元教學活動設計，也就是一般所說的寫教案，除了課前準備之外，在正式課堂開始之初，以引起動機為開始，幾乎已成為制式的慣例。曾聽過一則趣聞，早年的師專生在五年級時必須前往附屬實驗小學進行教學實習，附小學生看著來來去去的實習師專生，對教學的運作都略知一二。有一位學姊實習回到學校，向她的指導教授抱怨，說她今天上臺試教時，剛開口說不到兩句，臺下有個鬼靈精竟然掀她的底牌，說：「妳現在正在引起動機，對不對？」由此可見，引起學習動機在教學設計上的慣例地位，連小學生都知道。

大學生學習動機狀態、原因與對策

具有高度學習動機的學生，通常會展現諸如：主動的、迅速的開始學習，對學習抱持興奮的、樂觀的態度，刻意尋求具有挑戰性的學習任務，進入學習時狀況極為專注，並且展現出堅持的、高度的努力等行為特徵。

國內大學生學習動機的狀態當然存在著極大的差異，不能一概而論，只是學習動機普通、低落的學生比例或者出現頻率頗高，甭說前述行為特徵，經常連基本的學習樣貌都未必可見。大學教師面對學生不盡理想甚至低落的學習動機狀態，有必要尋思可能的解決對策。

狀態

當前大學課堂最為平常的風景，就是學生手機不離身，一邊上課、一邊三不五時瞄一下手機，有些更是全程公然大大方方的使用，實現「樂滑」人生。除了玩手機之外，部分學生在課堂上打瞌睡，甚至乾脆趴著睡；有些則是帶著「兩串蕉」到課堂，無所事事；有些看似奮力用功，實則是在趕工忙於其他學科的課業或報告；再者，有些學生姍姍來遲，第一節課結束、甚至第二節課將近終了才進教室者也不乏其人。這些還是有到教室的，若教師對於課堂出席沒有嚴格的規定，學生缺席率相當可觀，早八課程的出席更是高難度的挑戰。即使教師對出席有所規範，部分學生也還是會在限度內設法「請好請滿」。至於面對課業與成績評量，平時不讀書，考前抱佛腳，如果不敢鋌而走險，就是猜題選讀，囫圇吞棗，死記硬背，所謂的all pass文化盛行，平生無大志，只求六十分低空掠過就好。

有人打趣的問：「學生最喜歡上的課是什麼課？」答案不是想像中的體育課、音樂課、電腦資訊課，其實學生最喜歡上的課叫做「下課」，依此延伸，學生最喜歡求的學，叫做「放學」。我還加上一句「學生到學校其實不是來『求學』，而是『求偶』」，即使未必是求偶，至少也是交朋友。這話絕對也有三分道理。

客家話還滿有「先見之明」的。客家話中的「學校」，發音與「學玩」一樣，彷彿窺知學生到學校去，其實不是去讀書，而是到學校去學怎樣玩一般。小學學小玩，中學學中玩，當然大學就要卯起來學大大的玩。英文university不是早已被說成是「由你玩四年」嗎？客家話的學校發音，與此頗有異曲同工之妙。

學生族群隱約流行「反智」的次級文化，看重那些不需要努力就可以得到高分或者順利過關的同學，對於那些努力不懈而獲取高學習成就的學生，反而輕視或貶抑。這在許多美國校園電影中相當常見，電影中的大學生都追捧那些運動健將，運動健將還必然與校內啦啦隊美女隊長配成一對，夜夜笙歌，耍酷滋事，遇到作業、考試，則想方設法僅憑運氣或其他不當手段過關，令同儕欽羨不已。至於那些「讀書咖」，則都會被塑造成帶著厚重眼鏡、土裡土氣、手無縛雞之力的瘦弱書呆子，並且受盡同儕的嘲弄欺凌。這當然不會是校園的全貌，不過卻也是部分的事實。在這樣的次級文化影響下，學業上努力用功自然不會是一般大學生排名在前的價值選項。

持平而論，大學生學習動機低落的現象，並不是當今國內大學生始然，世界各國大學生的學習狀態都有類似現象。即使僅以臺灣而言，過去大學還是「擠窄門」的年代，大學生也被指責學習動機低落。各位大學教師回顧自己還是大學生時，學習動機可能也沒有高到哪裡去，因此學習動機低落可以說是相當長期且普遍的現象。

原因

大學生學習動機低落的原因，牽涉到教育體制以及根本人性。教育體制方面，例如：以前的大學前門窄、後門寬，鮮少嚴格淘汰，學生有恃無恐；現在更是前門、後門都更加大開，情況每況愈下。又例如：中小學教育體制欠缺對學生性向潛能的有效辨識與輔導，或者教師、家長乃至於學生自己仍有特定的迷思，無法或不願就讀適性科系，入學之後感到與期望或能力存在落差，比方說有些學生玩了以古代歷史背景開發的線上遊戲，因此選讀了歷史系，後來發現讀歷史系並不是想像中的聽故事，而是要做嚴謹的、硬梆梆的史學研究，跌破眼鏡，大失所望，學習動機一蹶不振。

根本人性方面，則對應到人類好逸惡勞的本質。過去中小學時期，學生習慣有人嚴格督導，驅趕走懶惰蟲；進入大學之後，天高皇帝遠（遠離家庭、父母），也沒有太多來自外部的監督或壓力，懶惰蟲爬上身，貪圖逸樂的本性就無法管控的展露出來。

晚近大學生的學習動機還面臨更多前所未有的挑戰。第一，高等教育機會普及，許多不需要、不適合讀大學，本身也並不是很想讀大學的學生，他們被時代推著走，隨波逐流，跟著別人一起來讀大學。讀大學只是勉強混個文憑，獲得現代人基本的學歷，好給他人或自己一個交代，除此之外並沒有太多的深思與目標，渾渾噩噩，不知所終。

第二，隨著物質文明、資訊科技的發達，以及資本主義的推波助瀾，好玩的資訊或事物鋪天蓋地而來且極易取得，當代大學生面對空前巨量的誘惑，心神迷惑渙散，很難靜下心來學習。

第三，部分大學生另有更為關注的事情，例如：玩樂、展藝、賺錢、社團、愛情等，而且有若干前人的例子作為楷模，例如：成為網紅、年紀輕輕就炒股賺大錢、成為知名樂團樂手或藝人等，這些與學習沒有太多關係的副業變成是主業，主業反而變成是得過且過的副業，學業學習自然擱置一邊，應付了事就好。

第四，經濟狀況普遍有所改善，大多數大學生過著基本上還算優渥的生活，不需要擔心溫飽，無須負擔家庭生計，因此不太會有積極求學以求翻身改命的強烈動機；而且其父母一輩可能掌握有相當的財富，因此不乏有大學生寄望未來能透過贈與或繼承，無須努力亦可躋身有產階級。

第五，當代社會發展對年輕一輩並不公義，例如：房價高漲，讓很多年輕人對前途感到茫然。又例如：投入職場工作做一名爆肝的「社畜」，卻受領著兩、三萬元的低薪，遠遠不到賦閒在家、遊山玩水的退休族的一半，不工作者比工作者領更多的怪象，使年輕人產生強烈的被剝奪感，因此乾脆放棄努力。社會上越來越多年輕人抱持躺平心態，甘願做一名尼特族（not in education, employment or training, NEET），既不就學、不就業、不進修，也不參加就業輔導；好一點的，就以當個飛特族（freeter），只想從事部分時間的兼職工作來維持生計。此種心態蔓延至在學的大學生，也是造成部分大學生學習動機低落的原因。

年輕人選擇尼特族、飛特族，或者類似的啃老族、繭居族，或者抱持極簡主義等，基本上也是一種人生態度或價值選擇，吾人不便置喙。只是選擇前述生活模式，似乎不太需要讀大學。既然就讀大學，理應有超越前述生活模式的期望或努力。

對策

大學生學習動機低落的現象由來已久，大學教師對教學現場、學生學習狀態應該避免抱持不切實際的錯誤浪漫憧憬，首先要承認學習動機低落乃是必然的現象，也許不應該稱為是「正常」，但至少應該是很「平常」，然後要把處理這種必然且常見的現象，納入自己的教學思考中，這樣比較不會抱怨、不會生氣，也比較會樂意積極設法激發或提振學生的學習動機。

當然，學習動機牽涉到教育體制、人性根本，以及社會環境變遷等因素，要激勵學生學習動機絕對不會是一件簡單的事。如果簡單，那真是感謝上帝保佑、阿彌陀佛，我們的教育基本上不會有太大的問題了，可惜上帝、佛祖並沒有庇佑這件事。

照理來說，要解決問題，基本上就是應該對症下藥。那些不想讀、不適合讀、不需要讀，或者另有其他發展興趣的學生，理應輔導他們轉換跑道，朝他們有興趣的事務好好的發展；發覺所讀學系與期望或能力有所落差的學生，應該輔導其轉系；至於實在力有未逮者，則應該加以淘汰。但是依目前的教育生態，學校或學系原則上無法代替學生決定去留，甚至還擔心學生流失影響收入與招生，或者基於教育愛、不放棄學生的理念等，故而主張保留這些學生持續留在大學裡。不管哪一種原因，終究會有許多學習動機低落的學生會留在大學裡，所以大學課堂勢必會繼續面對學生學習動機低落的問題。

在這樣的情況下，有人建議大學教師不要在意那些不願學習的學生，多多關注少數願意學習的學生，努力教學，使其成材成器即可，因為這些少數學生未來對社會所能產生的影響，會遠大於其他所有學生的總和。類似的，也有人主張，教師只須專門針對那些願意學習的學生，與他們在課堂上精彩互動，透過課堂不斷激盪出來的火花，感染吸引那些本來沒有意願學習的學生漸漸加入行列，這似乎也是一種可以參考的做法。

我曾有一種奇想，就是將教室座位分為彈性的內外圈，學生可以自由選擇內圈或外圈。選擇坐在內圈的學生，教師會對他們努力教學，但學生選擇進入內圈就必須有高度的學習動機、專心學習，並嚴禁一切分心不當行為，若有違反，將被要求離開內圈。選擇坐在外圈者，仍然可以聽到、看到教師教學，但比較像是旁觀者，教師不會與其有太多互動。外圈學生若感到內圈學習頗為有趣，或者感覺自己不應被當作圈外人而想進入內圈時，教師即表歡迎，但要求這些學生必須符合內圈的學習規範，展現高度的學習動機，並自我約束一切不當行為。

前述對策都是可能的想法或做法，只是就教育倫理而言，大學教師這樣施教，已經脫離了孔子有教無類的理念，而是把學生分了類群，然後僅針對特定類群實施教學，理念與做法都有可議之處。因此，大學教師似乎還是不能那麼快的就將那些學習動機較低的學生擱置一邊，還是得想方設法，嘗試激發與提振他們的學習動機。

對於教育，有很多不同的隱喻。例如：接生、塑造、雕刻、鑄劍、生長、撞鐘、導遊等，我個人則喜歡以烹飪為譬喻。在以烹飪為譬喻的情況下，學生學習動機低落或許可以比喻成小孩食慾不振、厭食或偏食等，而激勵學生學習動機就可以用父母或師長通常如何面對或改善孩子食慾不振、厭食或偏食等問題，來輔助自己思考可能的對策。此外，也可以系統性的動之以情、說之以理、繩之以法、誘之以利、喻之以弊、榮之以名等，來全面思考激勵學生學習動機的對策。

本篇後續部分將透過改變學生觀念與態度、改變課程教材與教法、賦權與增能、讚賞與鼓勵、人際誘導等五個面向來探討如何激勵學生學習動機。每個面向中除了簡要說明相關學理之外，也提出具體的應用方式或實務經驗。大學教師可以依據自己任教的情境與對象，選擇多項適用的策略或方法運用於教學實務中。

當然，大學教師即使選擇並實施了多項策略或方法，也未必保證就能激勵學生高度提振學習動機。但是就如第一篇所述，教師應該抱持「對的事，做就對了」、「只要能夠影響百分之五的學生，就值得為這百分之五的學生繼續做下去」，或者「能夠救一個，是一個」的理念，克服困難，努力為之。

第二章 改變學生觀念與態度

觀念與態度會決定行為，因此要激勵大學生的學習動機，首先要從改變學生的觀念與態度著手。對此，大學教師可以嘗試重建學生對於教育的價值觀念，或者具體分析現實利害，降低學生對基本需求滿足的門檻，改變其歸因思考，以及建立學生的自尊自信。

重建學生教育價值觀念

雖然說人有好逸惡勞的天性，但這也並非全貌。從另一個角度來看，事實上，人類還是會有動力想要做一些事情。麥克里蘭（D. McClelland）及艾金森（J. Atkinson）提出的「三需求理論」指出，激勵人們行為動力的主要有成就、權力、歸屬等三項需求，其中以成就需求最受矚目，因此，此一理論常被簡稱為「成就動機理論」。成就動機理論即強調人們會願意去做一些事，並且力求達到完美，前提是這件事必須被他個人認為是重要的或有價值的。

類似的理論，艾金森另外在其所提出的「冒險偏好模式」（risk-preference model）指出，個人的行為動機＝（「追求成功」與「避免失敗」）×個人主觀認定完成該作業成敗的機率×誘因價值；弗倫（V. H. Vroom）提出的「期望理論」（expectancy theory）則認為，行為動機＝「努力－績效關聯性」（我努力之後，是否可以獲取一定的績效）×「績效－報酬關聯性」（我努力之後所獲得的績效，是否可以讓我獲取一定的報酬）×「報酬的吸引力」（我獲取的那個報酬，對我而言是否具有重要性）。艾金森提到的「誘因價值」，以及弗倫提到的「報酬的吸引力」，都不約而同的強調個體會先衡量某個行為報酬是否具有相當吸引他的重要性或價值性，再決定是否要從事該項行為。若答案是肯定的，個體才會有動機從事之。既然如此，若要激發學生的學習動機，則大學教師應該設法讓學生認知其所修習的學科，甚至更廣義的來說，好好念大學、獲取較高的教育成就這件事，對他而言，是非常重要且有價值的。

大學教師可以提供一些勵學相關的文章或影音，讓學生閱讀觀看。例如：我曾張貼並同步郵寄「別讓大學對不起高三，現在開始努力還來得及」、「大學，本不應該是輕鬆的，而應該是揮灑汗水」，以及「辛苦念書的意義到底是什麼」等網路文章，提供其他同齡大學生的心聲，給自己任教的學生參閱。

一般而言，大學教師通常就只需要張貼、傳送與分享這些文章，讓學生自行閱覽即可，至多就是在課堂上簡要的向學生提及這些文章的要點。若教師想讓這些文章或影音發揮更大的實際效益，則可以搭配實施學習輔導活動，例如：安排學生撰寫簡要的讀後心得，或引導學生透過文字書寫，自我揭露他們對大學教育的價值觀念，並重新檢視，藉此讓學生有機會警醒並修正已經失落或扭曲的教育價值觀念，大學教師評閱回饋時則給予適當的修正、建議或鼓勵。

除了分享現成的文章或影音之外，大學教師亦可自己撰寫重建大學生教育價值觀的文章，提供給學生閱讀。我寫給東吳師資生的文章信函中，「珍惜緣分，莫忘初衷」、「眼界要高，起步要早」、「堅苦卓絕，厚植實力」、「迎向挑戰，淬礪奮發」、「有德有節，優質素養」、「恆心毅力，堅持到底」等篇的多數文章，主旨都是意圖引導學生重新省思就讀大學、修習教育學程的價值觀念與初衷期望，藉以激勵學生提振學習動機。近期寫給學生一篇題為〈選擇與被選擇〉的文章信函，即期勉學生如果條件好、能力強、本事高，通常就有選擇權，或至少可以有優先被選擇的機會；否則基本上就只有被選擇的份，而且難以獲得優先被選擇的機會，更慘的是還經常根本不被選擇。而要有選擇權，或者擁有優先被選擇權，關鍵通常在於夠不夠優秀，藉此激勵他們努力學習，讓自己因為夠優秀而能有選擇或優先被選擇的機會。

此外，我每週製作更換激勵學生學習動機的格言或警語電子圖檔，上傳張貼於Moodle數位教學平臺各課程頁面的最上方頁首區域。重點是逐週更換，學生每週登入教學平臺，都會看見不一樣的激勵圖檔。這些電子圖檔是蒐集若干激勵學生學習動機適用的格言或警語、名言佳句，例如：「將來的你，會感謝現在拚命的你自己」、「若你落後了，那就比別人跑得更快」、「當你的才華還撐不起夢想，你應該靜下心來學習」、「你若想得到這世上最好的東西，先得讓世界看到最好的你」、「Your future is created by what you do today not tomorrow」、「You don’t have to see the whole staircase, just take the first step」等（如圖六），這也是重建學生教育價值觀念、激勵學生學習動機的可行做法之一。幾個學年運作下來，有學生曾透露，他們會把這些圖檔下載下來保存，顯然有些學生也頗為看重這些激勵圖文。

近年中小學教職開缺有限、競爭激烈，我在給予學生的信函、電子卡片，或者平時集會致詞與課堂講話中，也會給學生一些贈言，例如：我提出三式八字箴言：「不止優秀，更要傑出」、「不止努力，更要拚搏」、「不止喜歡，更要熱愛」，以及「吃得苦中苦，方為人『中』人」等。利用適當時機，透過這些贈言對學生耳提面命，期望學生能夠反思對於讀大學、修習教育學程的初心，積極動起來。

圖六

YOU DON'T HAVE TO SEE
THE WHOLE STAIRCASE,
JUST TAKE
THE FIRST STEP.

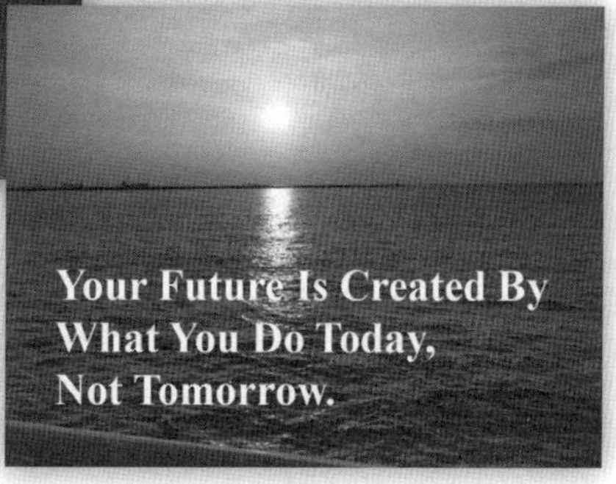
Your Future Is Created By
What You Do Today,
Not Tomorrow.

贏在起點

若你落後了，那就比別人跑得
更快些！

將來的你一定會感激
現在拚命的你自己

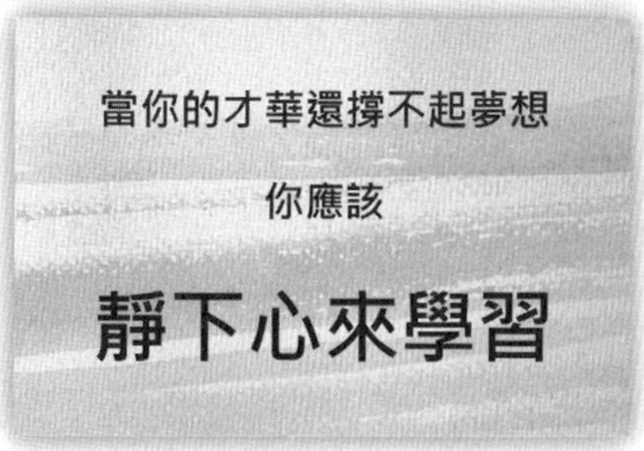
當你的才華還撐不起夢想
你應該
靜下心來學習

具體分析現實利害

雖然教育不應該過度強調現實功利，不過基於實務需要，大學教師還是可以從較為現實功利的面向出發，具體指出學科學習的重要性、實用性或關聯性，以及具體分析大學教育成就高低對於生涯發展的利害影響，甚至透過量化計算讓學生知覺其所付出的高昂教育成本。

具體說明學科學習重要性、實用性或關聯性

大學教師最好能對每一門任教學科學習的重要性、實用性或關聯性，以條列方式備妥說帖，並於學期開始之初，第一次上課開場時，具體明確的告訴學生，以期激勵學生的學習動機。

首先，可以指出該學科屬於基礎必修性質，具有先修、擋修地位，或者指出該學科對後續進階學科學習奠基或理解的重要性，例如：初級會計的教師明確告知學生，初級會計學習的紮實與否，未來將連動影響中級會計此一學科的學習。

其次，提示任教學科牽涉學生未來將面對的資格或證照相關考試，也是相當有效的方式。例如：我會提醒師資生某些學科是他們未來參加教師資格考試的考科範圍之一，現在好好的念，就等於是為未來的資格考試做準備。

再者，也可以提示學生此一學科所學對未來競爭機會、勝任工作或者獲取榮譽將有大用。例如：教授教學原理此一學科時，我會告知師資生，教案撰寫乃是教師的基本功，如果具備良好的教案撰寫功力，未來參加某些教案徵選競賽將容易勝出並獲得榮譽；同時還舉出一個真實的例子，一位外校師資生因為認真學習我客座指導的教案撰寫，後來到中小學教育實習，撰寫了一份精緻的教案，實習學校教務主任「驚為天人」，除大加肯定之外，還請該校工友影印這位實習學生的教案，

發給全校所有正式教師人手一份作為參考。該生託人向我轉達感謝，而且實習結束之後，這位實習教師當年就順利考取正式教師。藉此真實案例告訴學生好好學習撰寫教案，奠定教案撰寫的功力，確實會為他們帶來榮譽與機會。

學科學習重要性、實用性或關聯性的提示，除了由教師說明之外，若有機會，也可以邀請畢業或前期修習的優秀學長姐以過來人姿態現身說法，或者邀請實務工作者蒞校分享，透過學長姐或實務工作者的現場經驗，來肯定大學期間任教學科相關知能學習的重要性，有時候比教師老王賣瓜、自吹自擂，更加具有說服力，更能激勵學生的學習動機。

功利性分析教育成就之生涯差異

從現實功利層面出發激勵學生學習動機雖然不是最高境界，但卻是最普遍且務實有效的做法，而且長久以來都持續被使用著。例如：宋真宗《勸學詩》裡提到的「書中自有千鍾粟」、「書中自有顏如玉」、「書中自有黃金屋」、「書中車馬多如簇」等，典型的就是以功利誘因，激勵讀書人願意十年寒窗苦讀。古代如此，現今這樣的觀念又何嘗改變，包含現今大學教師本身從事教學或研究等工作，不也都存在著莫大的功利考量嗎？既然如此，大學教師不妨對學生分析大學教育成就高低良窳，對其自我概念、社經地位、薪資福利、退休待遇、終身所得、婚姻家庭、子女教養等，會產生的普遍與重大影響。

以終身所得為例，大學教師可以透過人力資源網站或其他管道，蒐集任教系所相關領域大學畢業生的職涯發展資料，繪製出類似圖七的折線圖，以具體的數據、視覺化的方式，披露同一學群、不同教育成就大學畢業生，畢業後取得職位對於薪資待遇產生的巨大差異，特別是長期累積性的生

圖七

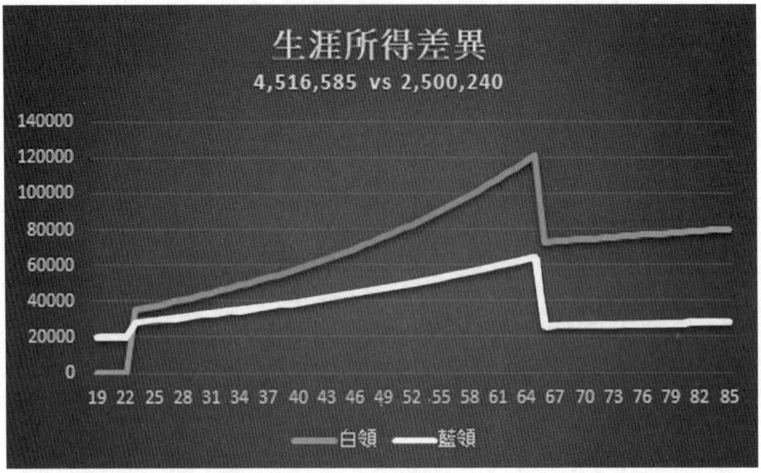

涯差距。例如：同樣是受薪階層，取得專業、白領工作機會者，工作期間的每月薪資待遇，乃至於退休之後退休金所得等，均明顯高於非專業、藍領工作者，累計職涯所得差距更在數千萬元之譜。類似這樣具體的數據或圖形對比呈現，相信大學生都會很有感，從而有機會促使其好好思考是否真的應該振作向學，以期未來得以躋身較佳、較高的職位，得以過上不虞匱乏或較為優渥的生活。

量化計算學生付出的教育成本

我有這樣的奇想：我們應該讓大學生每次來課堂、進入教室之前，必須用付現方式繳交那兩或三節課的費用，才可以取得資格入班上課，而且該學期必須累積繳滿十八週次的費用，才可以取得學分。如果這樣做的話，學生就會一次次、真真實實的看到自己為了上課而繳付了一筆不小的費用，痛在心裡，這樣入班上課，看在錢的份上，應該會比較用心學習吧！

當然，這樣的做法頗為麻煩，而且會讓學校沒辦法在學期初收到鉅額款項以資運用，在實務上不太可行，因此只是一種奇想。但是，大學教師可以採取另一種方式，就是和學生一起計算他們每堂課的學習成本。

例如：一所私立學校大學生每學期學雜費大約五萬元（就算國家補助私校大學生學雜費每年三萬五千元仍要納入成本計算），其中假設半數屬於修課費用；因為念書、無法就業賺錢而付出的機會成本假設為十一萬元（二〇二四年勞工基本工資最低月薪二萬七千四百七十元，以四個月計）；生活費因為考量到無論念書與否都要支出，因此姑且不計。這樣他們因為讀大學每學期付出的成本將是十六萬元，扣除學雜費中半數非支用於修課的部分，則是十三萬五千元。假設他們每週平均有半數節次，亦即二十節（日間八節課，每週五日，共四十節課），學校有提供課程供其修讀，總共十八週，這樣概略估算，每節課的成本大約是三百七十五元，兩學分的課程一次兩節課就是七百五十元。教師若能讓學生知道課堂單位成本如此之高，再請學生想一想，他們若蹺課不來，等於七百五十元打水漂；來教室但只是坐著滑手機、趴著睡覺，也是七百五十元打水漂；即使跑去打工，兩小時工資四百元不到（二〇二四年時薪為一百八十三元），還是賠，怎麼算都不划算，因此還不如老老實實的來上課，並且最好連本帶利的「撈回來」，強力要求教師好好的教，並且教學生想學習的，教師假如意圖打混摸魚，當「鐘點費小偷」，就嚴厲的提出抗議、譴責或糾舉。

人們常批判教育商品化，教育商品化當然不應該，但換個角度思考，我認為假如我們的大學生能將教育視為商品，會講究「一分錢、一分貨」，那就太好了。大學生去小吃店付了一百元要一碗牛肉麵，如果老闆只端了一碗價值三十元的陽春麵，或者只在他的點餐單上蓋個章說，你可以拿回去跟人家說你已經吃過牛肉麵了，學生鐵定會生氣火大。又或者，大學生付了一筆錢買了健身俱樂部的會員資格，結果卻沒有去幾次，去的那幾次也只是在旁邊看，或者遇到的教練愛教不教的，最後身體沒什麼「長進」，荷包倒是失血了不少，大學生八成也是要懊悔不已或咒罵連連。但是對成本效益的計較，很遺憾的，大學生並沒有展現在受教育這件事情上。因此，我曾經寫一篇題為〈念大學是特殊的慈善義舉〉的文章信函給學生閱讀，文中提到：

爲什麼念大學是「慈善義舉」？很明顯的，我們每學期「捐贈」大把學雜費給學校，幫學校興建我們不會用的空間設施，幫學校添購我們不會用的圖書設備，幫學校供養大批我們不會接受他們教育服務的教職員，讓他們每月得以安領數萬乃至十數萬元的薪資。我們慷慨的捐輸，卻分毫不取，這不是最典型的慈善義舉嗎？

那爲何說是「特殊」的慈善義舉呢？那是因爲在一般情況下，是有錢人捐款行善，但是我們念大學卻是窮人捐款，甚至是貸款來捐款，這種義舉比賣菜賺錢捐款的陳樹菊阿嬤更偉大，這還不夠特殊嗎？

當然，我們從事如此的特殊慈善義舉，大學也不會虧待我們。當時間到了，當捐款捐得夠多了（算算大約要捐足四十萬元），我們絕大多數人都可以拿到一張紙，但這張紙不是學校開立的慈善捐款收據，不能拿來抵稅。它只是一張「到此一遊證明書」，證明我們曾經在這個學校的邊緣角落蹲四年。我們或許可以拿這張「到此一遊證明書」去嚇唬一些不知情的人。只是現在幾乎人手一張，嚇唬不了什麼人，大概就拿回家，看哪邊有破洞漏風之處，用來當壁紙擋風，也算是無用之用吧！本來，慈善義舉就是不求回報的嘛！

文章以嘲諷方式行文，但不啻也是一記當頭棒喝。大學教師可以採取類似的概念，與大學生聊一聊。若能讓學生清楚意識到他們讀大學的成本有多麼的高，若不認真努力學習，投資的報酬率是多麼的低，甚至幾乎是有點蠢，將有機會促使他們覺醒，從而激勵自己的學習動機。

降低基本需求滿足門檻

眾人耳熟能詳的馬斯洛（A. H. Maslow）「需求層次論」，也是重要的動機理論之一。馬斯洛認為行為動機與個體追求需求的滿足息息相關。他將人類需求由低而高分為生理需求、安全需求、愛與隸屬需求、自尊需求、求知需求、美的需求、自我實現需求等項。前四種需求屬於基本需求，後三者則屬於較高層次的成長需求。與求學、受教育有關的，顯然是第五層次的求知需求。

馬斯洛認為，唯有底層的需求獲得相當程度的滿足，人類才會有追求高一層次需求的行為動機。依其理論，學生必須先滿足生理、安全、愛與隸屬、自尊等四種基本需求之後，才會進階提升到求知需求，願意好好求學受教。

協助學生滿足基本需求

基本需求的滿足原則上是學生自身或其家庭應該負責，但大學教師也並非全無關心的空間。教師在教學的同時或教學之餘，透過師生互動，瞭解學生基本需求的狀態，協助其滿足基本需求，也是確保學生能夠提升至求知需求、產生學習動機的重要事項。

第一篇提到，教師自掏腰包讓經濟困窘的學生可以好好吃飯；學生陷入憂鬱狀態，透過同理性的晤談，肯定並鼓勵該生持續尋求專業諮商輔導與醫療協助，並祝福她慢慢能夠度過陰霾等，這些都是照顧學生基本需求可能的做法。

引導學生降低基本需求滿足門檻

晚近，有人修訂馬斯洛的需求層次論，在本來最底層的生理需求之下，新增了一層，稱為Wi-Fi需求；後來有人更進一步在Wi-Fi需求之下再新增了一層，稱為battery需求。這樣的修訂雖然是開開玩笑，但是也確實符合實況。現在很多人，飯可以不吃、覺可以不睡（真的達到廢寢忘食的境界），但是手機不可以一刻離手、一時不滑；手機若沒電，一切又是白搭，所以總要備妥行動電源、充電寶，或者到任何地方都先尋找充電插頭在哪裡。

大學教師要承認使用手機已經成為現代人的基本需求之一，因為使用手機相當程度的對應到娛樂的需求以及愛與隸屬的需求。既然這是人們的基本需求，那麼應該讓學生適當的滿足，無須完全否定、過度批評或全然禁止。否則，這樣的基本需求未能獲得適當滿足，即使教師意圖介入管理，學生不是偷偷違犯禁令，就是「身在曹營心在漢」，坐在教室裡、書桌前，滿腦子還是想著手機裡面的世界。

我認為大學教師、或所有教育工作者與家長的關注重點，應該是透過觀念啟發，輔導學生降低使用手機或其他各種基本需求滿足的門檻。若底層的基本需求很大，門檻很高，難以獲得滿足，也就很難進階追求較高層次的需求。具體的輔導做法就是利用時間帶領學生想一想，一天玩兩小時手機是玩，一天玩二十小時手機也是玩，那麼一天玩兩小時手機就可以感到心滿意足的人，他把較多的時間運用在其他更重要、更有價值的事務上，是不是未來比較有可能獲得成就與成功。

因此，我認為在智力商數IQ、情緒商數EQ之後，對當代學生或一般人而言，另外一個非常重要的Q，就是節制商數TQ（temperance quotient），節制商數將是決定一個人生涯成就高低更重要的關鍵。我三不五時會提出「節制之德」，以及「是需要，還是想要」的概念來提醒學生，誰越能夠懂得節制，誰就越有機會在這個充滿物質與資訊誘惑的時代出人頭地。而且不只是使用手機，其他任何可能沉迷成癮的事物，例如：打球、吃食、旅遊、度假……，都可以用同樣的概念引導學生想一想。

改變學生歸因思考

人們會將行為結果的成敗歸諸於不同因素所造成，不同的歸因思考會影響行為動機。因此，大學教師想要激勵學生的學習動機，也可以從改變學生的歸因思考著手。

引導學生調整爲內控型歸因

魏納（B. Weiner）的「歸因理論」將一個人對行為結果的成敗歸因稱為「制握信念」，亦即對成功或失敗係控制或掌握於什麼因素上的一種想法。制握信念可以概分兩種不同的取向，習慣將成功或失敗歸因於運氣、環境、工作難度等個體本身以外因素的稱為「外控型」，習慣將成功或失敗歸因於能力、努力、身心狀況等個體本身內在因素的稱為「內控型」。一般而言，內控型成敗歸因者其行為動機高於外控型。

基於此，大學教師可以透過口頭談話、書面文字、其他媒介或者特定的輔導活動，引導學生改變或建立適當的成敗歸因思考或習慣。具體言之，就是要引導學生修正外控型歸因，並調整為內控型歸因，讓學生將成功或失敗的原因，能夠認定主要是控制與掌握在自己內在的能力、努力、身心狀況，而非外在的運氣、環境、工作難度等。

例如：大學教師可以提出諸如「袂生牽拖厝邊」、「不會駛船，嫌溪彎」之類的臺灣俗諺，或者舉出師生都知道的某些不當歸咎外在因素、怨天尤人的生活實例或時事，與學生聊天。由於預期學生都不認同這些歸咎外在因素、怨天尤人的想法或做法，教師再帶領學生思考自己對於學習的成敗歸因習慣或制握信念，鼓勵他們也要多做內控型歸因思考，避免陷入那些他們自己也不認同，甚至蔑視的外控型。

肯定學生的能力，引導學生重視努力因素

卡芬頓（M. V. Covington）的「自我價值論」認為追求或維護自我價值感高度影響人們的行為動機，而其中牽涉前面提到的能力與努力這兩大因素。

卡芬頓發現，人們通常喜歡將成功的原因解釋成自己能力的展現，而非歸因於努力，因為一般人認為，努力人人可為，但能力歸個人所有，而能力又與自我價值更有關聯性。舉例來說，相對於那些讀書讀得半死而獲得高分的同學，學生對於那些不需努力用功就可以獲取高分的人，通常更加欣羨，當事人也通常會感到更加得意，原因在於前者是因為有努力，後者則是因為能力好。

一般而言，歸因於努力者通常比歸因於能力者，會有較高的行為動機。但對於能力與努力的歸因會隨年齡而改變。較低教育層級時，例如小學低年級的學生，比較會將成敗歸因於努力；隨著年齡增長，越高年級或教育層級的學生，則漸趨會歸因於能力。

值得注意的是，人們如果預期「追求成功」難以達成，常會轉而「逃避失敗」，因而放棄努力。例如：某甲預期考試必定會不及格，他不是選擇更加積極念書，力拚過關，因為他如果拚命努力之後仍然不及格，自己會覺得沮喪，更擔心會被他人訕笑能力不足，因此他就會逆向操作，公開宣示不念書，而且故意在同儕面前大玩特玩。當考試結果確實不及格時，他就把考試失敗歸因為自

己沒有念書，也就是沒有努力，而非能力不好，甚至可以振振有詞的跟別人說，假若他有努力的話，成績一定會比他們高，藉此來掩飾自己能力不好的事實，以維護自我的顏面與價值。

為應對許多學生會有這樣的心態，大學教師應該明確的肯定學生的能力，例如：我跟學生說，雖然在教育界，東吳的招牌沒辦法和諸如師大之類的學校一樣亮，但是事實上，他們和師大或其他公私立學校的師資生一樣，基本上都是普通人，智商或能力不會差別到哪裡去（肯定他們的能力），因此只要多多努力，在競逐教職上還是很有機會。

在學科教學方面，大學教師也可以引導學生多將學習成敗歸因於努力因素上。例如：強調自己會看重學生的努力，並且在成績評量方面，確實設定項目，考查學生的「努力過程」或「努力態度」。此外，對那些學期成績預期不理想的學生釋放訊息，鼓勵其積極的追求成功，而非僅消極的逃避或接受失敗，例如：期末學習表現或考試成績能夠有所進步或達標，將有機會可以彌補其學期前段時間漏失的分數。而我採用的具體做法則是在每次考試評量結束之後，要求學生訂正試卷，並依其訂正的正確度、翔實度與態度誠意給予加分，這些基本上都是在看學生是否展現努力，與能力關係不大，而越能展現努力者，則會給予越多的加分。

建立學生自尊自信

前述馬斯洛的需求層次論以及卡芬頓的自我價值論，兩者都提到自尊相關的概念，可見自尊對於學習動機有著相當大的影響。

從教育輔導的觀點來說，學生最好是自我概念良好並且有良好的自尊，也就是學生能充分認識自己是怎樣的一個人，包含自己的特性、優點強項以及缺點弱項，並且正向的看待自己，喜歡自己的優點，希望強項獲得最大的表現，接納自己的缺點，希望在弱項方面能夠有基本或可接受的發展。

相對於自我概念與自尊良好，我們不期望學生是另外兩個「自」，一個是自我感覺良好，一個是自暴自棄。自我感覺良好有眼高手低之嫌，不過這樣的學生還會有一定的學習動機。最不好的是自暴自棄，自暴自棄的學生將有如產生習得無助感一般，放棄任何的努力。因此，協助建立學生的自尊自信，是激勵學生學習動機時排序相當前面的要務。

兩個效應

有兩個效應，也與自尊感的討論有關，都指出當一個人擁有自尊感時，將會激發出較高的行為動機。

第一是「霍桑效應」（Hawthorne effect）。哈佛大學教授梅堯（E. W. Mayo）在一項「工作條件（照明度）改變與員工工作績效間之關係」的實驗中意外發現，實驗組與控制組均大幅提高生產力，且工作條件回歸原點時，生產力竟然也持續創新高。經探究之後才發現，生產力提高之主要原因在於員工被選中參與實驗，感到獲得重視，自覺自己是特殊人物，產生了尊榮感，因此激發其工作動機，不計工作條件，均能表現高的生產力。

第二是「比馬龍效應」（Pygmalion effect）。比馬龍是希臘神話中塞浦路斯（Cyprus）的國王，他熱愛一座名為加拉蒂（Galatea）的少女雕像，並日夜盼望雕像若能變成真人，那該有多好。其真摯感情感動愛神，於是賦予雕像生命，化成真人，與比馬龍結為連理，此即「比馬龍效應」語詞的典故，意指一個人對某事物若懷抱著熱切期待，最後將能使該事物如某人所期待的那般實現，頗能呼應我國「精誠所至，金石為開」的古語。

英國著名作家蕭伯納以《比馬龍》為名推出劇作，中文版譯作《賣花女》，後來被改編成電影《窈窕淑女》（*My Fair Lady*），講述一位語言學者將舉止粗魯的賣花女，脫胎換骨改造為談吐高雅的貴婦的故事。

教育領域亦有比馬龍效應相關實驗。哈佛大學心理學教授羅聖索爾（R. Rosenthal）與傑柯布森（L. Jacobson）將學校兒童隨機分成實驗組和對照組，兩組學生智商高低並沒有太大不同，但刻意告訴實驗組班級的老師，該班學生智商比較高，為資優生，被蒙在鼓裡的教師信以為真，因此對這些學生懷抱正向且高度的期望，經常肯定這些學生，也更努力教學，這些學生經常接收到教師肯定他們是資優生，以及對他們抱持高度正向期望的訊息，因此跟隨教師努力學習。實驗結束之後的標準化測驗顯示，實驗組學生的學習成就（或說智商分數）顯著高於控制組，其中重要的關鍵就是學生在教師視之為資優生的肯定之下，對自己也建立起良好的自尊。

對「比馬龍效應」一詞，我故意曲解式的解讀，把比馬龍效應解釋成：教師把學生比做是「馬」，學生最終就會成為一匹馬；教師若把學生比做是「龍」，學生最終就會成為一條龍；相對的，教師若把學生比做是「蟲」，學生最終也就會成為一條「蟲」。雖然曲解，但仍然高度呼應比馬龍效應原來的意旨，都指出學生會應驗「教師期望」，而若學生從教師處獲得自尊感，將會有利於其展現較佳的學習動機。

接納肯定學生，絕不貶抑否定

基於霍桑效應與比馬龍效應，教師應該建立或維護學生的自尊感與自信心，因此無論任教對象學生程度高低，教師均應接納、肯定他們的人格與能力。如果教學對象的大學生過去求學之路並非順遂、績優，那還得協助其重建自信心。這就有點像是我說的，教師不僅不要貼學生標籤，還要幫已經被貼標籤的學生撕去標籤一樣。

基於此，大學教師千萬不可以對學生流露出貶抑或否定的態度，不宜說出「一屆不如一屆」或者「你們程度真的很差」之類的話語，這不僅僅是教師教育倫理的表現，也往往攸關學生的學習動機。教師應多以類如我前述肯定東吳師培學生不會比師大或其他學校的師資生差這類的話語，來表達對學生的接納、肯定與鼓勵。

關於大學生一屆不如一屆、素質每況愈下的批評，有需要思考並修正。許多國語文相關學者或教師批評現在的學生國語文能力很差，批評者通常是拿國語文能力向來頂尖優異的自己，來跟現在國語文能力一般或低落的學生做比較，他們不曾理解自己過往學生時代，班上有些後段學生的國語文能力也沒有好到哪裡去，甚至比現在最差的學生還要更差。這就有點像是一座老牌A馬場的主人拿自己馬場的上駟，去跟新開的B馬場的中駟、下駟做比較，嘲笑B馬場的馬素質低落一般。若要A馬場派出自己的下駟來與B馬場的下駟比較，說不定A馬場的下駟比B馬場的下駟素質還更低下。同樣的，A馬場派出自己的上駟來與B馬場的上駟比較，也不保證A馬場的上駟就必然會比B馬場的上駟素質要高。

大學生素質低落的批評不能說完全沒有道理，不過原因極其複雜，包含整個社會大環境的變遷、教育體制的變革、家庭教養背景的轉型，以及學生本身不夠努力用功等，複雜的問題難有簡單的答案。大學教師要知道自己是當年資質優秀且教育成就較高的菁英，是上駟，而今面對的是資質或過往教育成就普通的學生，可能是中駟，甚至是下駟，上駟豈可任意與中駟、下駟來比擬。大學教師也要經常自我提醒，自己在任教學科方面算是專家，有著高度的興趣，而且任教該學科或相關領域已經相當長的年月，對於學科教學內容自然感到簡易，但學生未必對學科有高度興趣，更是這個學科或領域的初學者。諸多不同，不可勉強對比。

大學教師也要提醒自己，即使現在學生的素質確實有不如理想、不如當年自己的地方，但是他們會的東西不一樣，他們也會很多我們以前或者現在不會的重要知能。就像以前的馬可能講究要能負重拉貨，現在的馬則講究要能競速競賽，不能一概而論。要能有這樣的認識非常重要，有了適當的認識，大學教師才會比較有耐心，並且願意努力激勵學生學習。

傳達正向且高度的教師期望

大學教師初次接觸學生，或者在後續互動的時機，應該經常透過口頭及／或書面方式，傳達對學生正向且高度的期望，並且安排較為嚴謹的課程與學習任務，投注高度的熱忱以及時間心力，來教導這些學生，讓學生感受到教師的肯定，產生自尊感，從而懷抱較高的自我期望，提高學習動機，形成良性的循環。

例如：我在教育學程的課堂上，不時會以「各位老師」來稱呼這些還在職前教育階段的師資生，在授課計畫會列出一條建議事項，請師資生以「準教師」身分自我期許。期初講解授課計畫時，會直接且明白的告訴學生，課程所安排的教學、作業與評量等，都是為了幫助學生變成一個具有競爭力的佼佼者，雖然會讓他們比較辛苦，但是卻也更有機會出人頭地，他們若願意吃苦，我也陪著他們吃苦；我希望凡是走出我教室的同學，一定都是通過嚴格訓練的，都能比其他班級或學校出來的更強，而且我相信他們都做得到，藉此來激勵他們。

此外，學生練習撰寫教案或其他作業時，我會提供前期學生所撰寫的優良教案或作業給學生作為參考範例，此時總會對學生說：「你們可以參考這些範例來設計撰寫，依樣畫葫蘆，但我相信你們畫的葫蘆一定會比他們畫得更像、更漂亮。」

第三章 改變課程教材與教法

除了設法改變學生的觀念與態度之外，大學教師也應該在課程教材與教法方面有所改變，以期更能激勵學生的學習動機。主要作為包括設計引發單元學習動機的活動，調整課程難度以利學生成功學習，獲得成就、滿足。另外，還可以透過自己高昂的上課氣勢，以帶動感染學生學習士氣，以及設計多元變化且有趣味，或者競爭、競賽性質的活動。

設計引發單元學習動機之活動

大學教師在課堂上課時直接開講，或者要求學生翻開教材到第幾頁之後，就劈里啪啦開始授課，如此開門見山雖非不可，但學生未必能夠具體且深刻的知悉這個單元或這堂課有怎樣的學習重要性、趣味性或挑戰性，相對就不容易產生學習動機。這就像是一道料理，如果服務生就只是端上桌，大家開始吃，相對於服務生端上桌，還會簡單介紹這道菜：「這道菜是龍井蝦仁，蝦玉白、茶翠綠，乾隆皇下江南時必嚐的龍井茶，搭配在翠白的蝦仁上就像雀舌般的跳躍，請細細品嚐。」（傑克說菜）後者必當可以讓吃客更能吃出味道或感覺。

大學教師應該參考中小學教師之教案設計「引起動機」的做法，在每個單元、甚至每一堂兩節課開始之初，能夠像瓦斯爐點火那樣，透過適當的引導，引發學生對該單元或該堂課的學習動機。

引起動機設計三原則

引起動機並不是要教師講笑話、說故事、放影片、玩遊戲、變魔術，換言之，引起動機不在於或者不必然是要有趣。引起動機的目的，應該是引發學生對該單元或該堂課的學習意願與動力，有趣固然是其中一種可能，但並不以有趣為限。

引起動機必須把握簡短、有力、緊扣主旨或主題等三項基本原則。簡短，意指要像瓦斯爐在三、五秒鐘之內就點燃熊熊爐火一般，能夠在短短的時間內（最好不超過三到五分鐘）即能完成。部分教師引起動機的活動費時甚長，一般而言，多是誤將該單元或該節課堂的教學內容當作引起動機之用，把點火與爐火混為一談。有力，意指要能發揮作用，有效激發學生高度的學習動力，不會白費功夫。至於緊扣主旨或主題，則訴求必須是帶動學生對本單元後續課堂教學內容或活動的學習參與動力，而非與單元主旨、主題脫節或無關，學生對這些題外話感到有興致，但是一旦切入正式單元或課堂教學，學生的學習動力就戛然中止，迅速「消風」。

在把握前述三項原則的前提下，具體的引起動機可以參考下列幾項策略來精心設計。大學教師針對各單元或各堂課，視其性質選用其中一種來設計運用即可，不需也不宜使用一個以上策略。

備妥並使用各單元學習說帖

如同前面提過要能備妥任教學科學習重要性、實用性或關聯性的說帖一般，大學教師也要能備妥說帖，具體羅列並告知學生各該單元或各該堂課學習的重要性、實用性或關聯性。如果大學教師自己都列不出來，那不禁要令人懷疑這個單元或這堂課真的有學習的必要嗎？

要能列出各單元或各堂課學習的重要性、實用性或關聯性，對於大學教師而言，並不會困難，只是向來缺乏具體的列舉而已。若要列舉，以我在「學習評量」學科有關評量基準（rubric）此一單元為例，我會提示學生：第一，現在中小學很多時機都會實施實作評量；第二，實作評量為避免教師評分過度主觀，以及給予較多的回饋訊息，因此普遍會擬訂並使用評量基準；第三，目前教育現場的教師已經發展出各式各樣的評量基準（提供範例給學生參閱）；第四，歷年教師資格考試出現有若干評量基準相關的試題。藉由這四點提示，讓學生知悉他們極有必要具備評量基準的設計知能，進而激發學生對本單元學習的動力。

引發學生認知失衡

ARCS動機模式中的A要素「注意」，可用的策略包含營造讓學生新奇、驚奇、不協調、不確定等感受，以喚起學生想要探究的動力。皮亞傑（J. Piaget）「基模理論」也指出，人們接觸到的新訊息若無法被其現有的基模所同化處理時，將會產生「認知失衡」現象，人們無法忍受認知失調的不舒服狀態，為求回到平衡，通常會積極進行調適，尋求新資訊與既有知識的整合，因而產生學習動機。

引發學生認知失衡的做法，例如：大學教師在「儲蓄、消費與經濟發展」相關單元，課堂開始之初詢問學生：「人民要努力存錢，還是努力消費，或者物價越來越高，還是物價越來越便宜，才能提升國家財富或國民所得？」這個提問設計，有點像是教師故意挖一個坑讓學生來跳。教師預期一般學生都會直覺的回答「當然是要努力存錢」或者「物價越來越便宜」，但是在學生表達意見之後，教師宣布他們的回答是錯的，當這一聲「錯」字說出，學生驚覺教師的見解與他們既有認知不相容，必然大感意外，一頭霧水，滿頭問號在盤旋，非常想要知道為何教師會說他們的想法是錯誤的。此時，教師告知學生，若想知道緣由，且聽本單元或這堂課分解。這樣通常很能激發學生的學習動機，專心探究本單元將教導的經濟學原理。

類似的做法，也可以是教師預先設計一個或多個讓學生會感到困惑的問題，課堂之初由老師直接揭示，但是不即時解答，讓這些疑難、待答問題同樣造成學生滿頭問號，產生想要尋求解答的欲望。還有一種類似做法，乃是取法閱讀理解常使用的SQ3R、SQ4R或PQ4R相關方法，這些閱讀理解方法中都提到Q字，Q係指發問question，亦即在學生快速概略的瀏覽（survey或scan）或預覽（preview）單元教材內容之後，請學生自行撰寫提出幾道待答問題。無論是教師直接揭示，或者學生自行撰擬的待答問題，都能產生激發學生尋求解答的學習動機，教師隨後引導學生進入單元教學，這些待答問題在單元或課堂後續的學習中，將會成為「錨點」，引導學生以解答待答問題的方式，進行有焦點而非漫無目標的學習。

揭露學生未知領域

佛洛伊德指出驅力（drive）是人類重要的行為動力來源，原始驅力包括性與攻擊兩種。其中攻擊驅力在教學上通常以競爭心理或行為來表現，人們天生多有不服輸的競爭心理。應用此一概念，若學生自認為已經學盡了天下的知識，他們可能會趾高氣揚，學習動機通常就會比較低落；相對的，大學教師若告知學生仍有某些他們未知、未學、尚且不懂的領域，學生感到被挑戰，不服氣的鬥志心理有可能就會被激發，或者至少會比較謙遜的願意學習，如此也將有機會激勵學生的學習動機。

例如：在前述評量基準相關單元中，我會肯定學生先前已經學會了諸如選擇題、是非題、填充題、配合題、題組題、簡答題、論文題等傳統評量題型的命題原則，並且也試擬了不錯的試題，設計了一份單元總結性評量或者段考試卷。但接續詢問學生，若遇到諸如作文、聽力、對話、繪畫、演奏、歌唱、操作儀器、帶球上籃等教學，必須採取實作評量方式，他們知道要如何實施實作評量，特別是訂定大家可以接受的實作評量評分依據嗎？學生因為尚未學過，感到茫茫然，就會興起想要學會的念頭，後續會較為謙遜的願意繼續學習。

若研判學生在過往的學習經驗中，對評量基準已經有了使用經驗或若干概念，而非一無所知，此時我就會揭示一份評量基準，告訴學生這份評量基準有九個地方是有問題、有瑕疵的，看看他們能找出幾個。學生通常無法找出太多個，此時即告知學生，完善的評量基準的設計有很多注意事項，他們還是未能掌握，必須進一步學習，因此歡迎他們在這個單元或這堂課好好的學習，這樣也有機會激發學生的學習動機。

觸發學生有感情緒

教育應該是「有感」的教育，教學應該是「有感」的教學。此處所謂的有感，主要是指能夠引發學生對學習內容的心理觸動，心理有所觸動，產生共鳴，因而願意接觸、接近，帶出相關的學習動機。大學教師在教學開始之初，可以視單元的性質，透過口頭講述、書面材料或其他適當方式，觸發學生產生適合學習該單元的情緒或心理，進而對新單元的學習產生意願或動力。

心理觸動並不侷限於狹義的同理、同情，而是泛指各種喜、怒、哀、樂、愛、惡、懼等情緒，或者包含好奇心等。大學的課程基本上是以理性為取向，比較不訴求感性，但是感性也並非完全沒有可能。例如：歷史系的教師在進入臺灣日治時期日本政府理番政策的單元時，可以播放《賽德克．巴萊》電影片段，透過電影片段觸動學生的心緒，或許是憤慨、或許是悲愴、或許是惋惜，無論哪一種心緒，都有機會因此而讓學生對接下來的歷史課程產生學習動力。又例如：中文系擔任宋詞此一學科教學的教師，在豪放派相關單元或課堂開始之初，以慷慨豪邁、壯志凌雲、氣象恢弘的神情、語調，吟詠蘇軾《念奴嬌．赤壁懷古》；在婉約派相關單元或課堂開始之初，以蘊藉含蓄、纏綿悱惻、旖旎清新的神情、語調，吟詠李清照《一剪梅》等具代表性的作品，輔以教師對所吟詠詞作的讚嘆激賞，帶動學生產生類似的情感，也有機會激發學生對該單元或該堂課的學習動機。

調整難易，提供成就滿足

大學教師對於教學內容難易程度設定適當與否，也會高度影響學生學習動機，因此應該審慎考量任教班級學生之程度與特性，在觀念與心態上、在課程教材內容難易度上，都做適切的調整。

成功爲成功之母

諺語說：「失敗為成功之母」，但是這句話通常只適用於「聖人」或「偉人」，對於只是「剩人」或「尾人」的一般人，包含大學生在內，更多時候其實應該是「成功為成功之母」。

此處的成功，同時涉及一個人在行為之前對自己能否獲得成功的信心與預判，以及在行為之後是否確實能夠獲得成功經驗的滿意感；換言之，同時涉及ARCS動機模式中的C要素「信心」以及S要素「滿意」。在信心方面，艾金森公式中的「個人主觀認定完成該作業成敗的機率」，以及弗倫公式中的「努力－績效關聯性」，共同指出個人在行為之前主觀認定自己完成該任務的成敗機率高低，會決定個人採取行為與否。而行為主義學者桑代克（E. L. Thorndike）學習三定律中的「效果律」，則指出行為要能產生效果，換言之，就是要能獲得成功，方能穩固或持續的出現行為反應，否則後續的行為反應將會逐漸減弱。如果人們無論如何努力都仍然失敗，久而久之，就會產生賽里格曼（M. E. P. Seligman）所提到的「習得的無助感」（learned helplessness），完全放棄努力。

調整難度

前述行為成敗的信心與預判，以及獲得成功經驗的滿足，都相當程度的牽涉到任務的難易度。而成就動機理論指出，人們在行為之前會預判所面對的任務難度，若認為太過困難或者太過容易，都不利於引發人們的行為動機，尤其是預判任務太難，自覺無法達成，努力也是白費，多半會索性放棄或逃避。即使不得不做，可能也是想方設法用一些不正當或不妥當的方法舞弊或應付，不會有真正良好的行為動機。因此，讓人們面對的任務難度最好適中，最好能像好吃的米飯「有點黏，又不會太黏」那樣，被認為「有點難，又不會太難」。具體而言，就是人們認為任務有點挑戰性，但又自覺只要適當努力，便有機會達成或完成，這樣難度適中的任務安排，才比較能夠激發行為動機。因此，教師在課程教材與評量的安排上，必須深思難易程度是否適中，在形式上（一眼看過去的初步印象）與實質上，都必須讓學生知覺他們即將面對的課業內容並不致於太難，只要付出一定的努力便可以獲得學習績效。尤其要讓學生能夠有良好的成就表現，享受到學習成功的喜悅，建立學習上的能力感與滿足感，以及建立自尊感與自信心。千萬不要以難倒或考倒學生，不要以造成學生挫敗、打擊學生信心為目的，更不是以此為樂。

有些人學開車、考駕照的經驗很不好，原因之一就是有些駕訓班教練忘了自己是開車方面的老手，因此總是嫌棄新手學員是笨蛋，指責學員這麼簡單的都不會，稍有遲疑、疏失，就叨唸、謾罵，很令學員忿恨。同理，大學教師必須注意，自己乃是任教領域的老手，學生卻只是初學的新手，因此必須避免犯了前述駕訓班火爆教練的錯誤，以過高的標準或過難的任務，不當對待學生。

難度的拿捏並無絕對標準。有學者建議，高成功率的學習基本上要做到所問問題能讓七成五的學生有答對的機率，座位上的習作或是家庭作業則能使大多數學生有八成五到百分百的成功機率，如此方能創造信心，發展學生追求成功的自我期待，並維持學習興趣與動力。大學教師亦可參考這樣的建議，來設定任教學科的內容難易度。

調整課程與教學的分量

認真的大學教師很容易傾向想要傾囊相授，將自己一身的絕學通通教給學生。這樣的精神值得感佩，但實務上卻會產生不良的反效果。教師應該警覺「教得越多，學得越少」的可能性，或者倒過來思考，認知「少即是多」（less is more）。

若以概念密度或認知負荷的角度觀之，在單位時間或固定篇幅中，教師安排要學生學習的知能如果過多，學生會感到學習相當吃力、緊張，而且效果通常也不佳。甚至有可能造成學生在學習初始，因為眼見這麼龐雜大量的學習內容，預期自己的學習將遭遇困難，不可能有效學會，因此自始就乾脆放棄學習。基於此，教師有必要斟酌授課時間、學生能力等，酌減課堂教學的內容分量。

區分基礎與進階學習內容

由於一個班級中，學生程度存在著落差，大學教師對於課程教材難易度的拿捏並不容易，順了姑情，就逆了嫂意，難以兼顧。一般而言，通常以全班學生都應該且可以學會的內容為選擇標準，但有時候也會考量某些較艱深的內容若不納入教學或者予以刪除，顯得有點可惜。

在這樣的情況下，可以考慮將教材做基礎與進階之類的區分，基礎內容是所有學生都應該學習且學會的內容，進階內容則是較艱深、具挑戰性、延伸補充、加深加廣的內容。教師課堂教學與評量以基礎內容為範圍，進階內容則僅提供教材或界定其範圍，不納入課堂教學，而有意願、有興趣或有能力的學生課後自行學習，教師則歡迎學生前來諮詢。我自編的多科授課教材都會有這樣的設計，將某些內容移到單元之末，以所謂「延伸閱讀」的方式提供給學生自主學習。

對於這些進階學習內容，教師可以考慮以額外加分方式獎勵自主學習的學生，也可以單純以「學得更多知能就是最好的獎勵（加分）」這樣的內在酬賞方式，來引導動機較高的學生善用進階內容。

教材切割分段

如果大學教師認為教材內容實在難以割捨刪減，則可以考慮將教材內容適度的切割分段。行為主義取向的教學設計，諸如編序教學（programmed instruction）、電腦輔助教學（computer assisted instruction, CAI）或精熟學習（mastery learning）等，均訴求將教材切割成較小的單元或段落，以利學生學習。每學完一個小單元或段落，旋即進行評量，檢視學生學習情形，並提供立即性的回饋與增強，以維持學生後續學習的興趣與動力。

因此，在不影響整體理解的前提下，大學教師可以考慮將單元或某堂課的授課教材適當的分段，讓每一段教學內容不致過於龐雜，而該段落教授完畢，可以稍事喘息，或者以非正式的考核方式檢視學生對剛剛那一小段落教學內容的學習成效，如此即有機會在不刪減內容的情況下，降低學生的學習負荷感與難度感，有利於激發或維持學習動機。

類似的做法也可以應用到考試評量上。大學教師不一定侷限自己只能實施期中以及期末兩次考試。如果只實施期中與期末兩次考試，往往意味學生每次考試必須複習半個學期的課業內容或者讀半本書，負擔沉重可以想見。若教師將一學期的課程，適當的劃分為四階段（或其他適合的階段數），每一階段教學完畢即實施考試評量，學生每次要複習的課業分量與負擔相對減少，有利於學生精熟準備，以及獲取較佳的成績。此外，此種多階段考試評量的安排，與其他教師的期中、期末考試時間錯開，安排學生在離峰週次考試，也有機會讓學生更能致力於教師任教學科的複習與考試準備。

學習初始酌降課程難度

我出身於一個普通或者稍顯有些清寒的家庭，後來在讀書方面有還算不錯的成績，我認為小學一年級入學接受啟蒙教育（我沒有讀過幼稚園）時，能夠在這學習開始之初幸運獲得好成績（具體言之，就是月考進入班級前六名，獲得學校頒發獎狀），這發揮了很大的作用。因為能有這樣的佳績，使得小小年紀的我就開始會以維持佳績、獲取獎狀為目標，不知不覺的激發自己長期努力不懈的學習。由此可見，初始的成功經驗對於學習動機有著相當大的影響力。

基於此，大學教師對學期初的課程教學或者第一次評量考試，可以適度的調整難度，儘量讓學生得以成功學習或者獲取較高的成績，感受到成功學習的美好滋味。不過，教師也應該在學生獲得較佳初始學習成績的同時，鼓勵學生繼續維持高成就水準，防止部分學生觀念偏差，因為期初獲得一定佳績，反而放鬆了後續的學習。

自編教材

對任教學科的教學，大學教師或許會選用坊間現成的大學教科書當作教材。這些教科書多是各該學科或領域的學者專家編寫，專業水準較高，有時候可能會賣弄學術權威，因此內容通常偏向較為艱深。若可能，教師不妨自編授課教材，通常有機會讓學生更容易入門，並因為能夠學得來，從而提高學習動機。

對於所任教的每一學科，我幾乎都有自編教材。其中除「班級經營」一科已正式出版成書之外，其他各科則為講義形式，雖然這些自編教材名為「講義」，但其規模基本上就約略等於一般的大學用書，只差沒有正式出版。我對自編教材抱持一項重要理念，就是要如白居易寫詩一般務求「老嫗能解」，期望自編教材能淺顯易讀，不致因為教材內容太過艱深，而使初學的學生心生畏懼厭惡，不曾登入學術的殿堂，反而在登堂入室時就在門檻上跌倒了。

曾有學生拿我的自編教材與坊間的教科書做比較，並回饋肯定我的自編教材確實更有助於他們學習或理解；在第一篇所提到的雙溪左岸交流表單中，經常也有學生肯定我提供的自編教材簡明易讀；部分沒有選修我的課程的學生，因為看到同儕有這樣的教材，或者聽到同儕推薦，也會當面或來信向我洽詢是否可以提供他們購買或印製自修。由此可見，自編教材確實也有利於激發學習動機。順帶一提，我發現，教師自編教材往往能使授課內容更符應教師個人的思維邏輯，因此也會有利於教師課堂教學運作更加熟悉與順暢。

高昂氣勢帶動感染

大學教師各有各自的授課風格，授課風格基本上以符應教師本質或專長為原則。不過，一般而言，生動、活潑、士氣高昂的教學風格，較能營造有利於激勵或維持學生學習動機的課堂氣氛。

當代大學生從小都是看著菲哥、憲哥主持的綜藝節目長大，他們都是數位原住民，自幼都浸淫在電視或網際網路充滿聲光色彩的環境中，因此對於訊息接收的口味可以說是「重鹹」。教學現場的實務經驗顯示，教學若不帶點「演」的成分，吸引學生的效果通常不好。大學教師上課若像是講經論道的老夫子、老學究，清清淡淡，不疾不徐，四平八穩，雖非絕對不可，但學生八成會覺得索然無味，因此就自覓有趣的其他生路去了。基於此，大學教師可以考慮下列做法，以營造較為生動、活潑、士氣高昂的課堂。

略大的授課音量

課堂講授時音量太小，課堂氣氛容易陷入沉悶，內容訊息傳遞顯得薄弱無力，不利於激發學生的學習動機。大學教師課堂授課之音量要讓教室所有學生都能夠清楚聽到，這是最基本的工夫；而若音量稍微大一點，則更有利於展現教師課堂的活力，並帶動學生的學習。

這並不意味教師要聲嘶力竭、大聲的講課，也不意味教師要把教室的麥克風播音設備音量開到很大。教師長期太過大聲的講課，不利自己的聲帶保健，也讓學生聽課有如五雷轟頂；過大的音量聽起來像是惱怒和煩躁，使教室成為具有壓力的環境；聲音還會外溢，影響其他教室師生教學的權益。此外，也會抑制教學運作，教師無法透過音量大小的變化、抑揚頓挫，凸顯想強調之重點所在或者管教訊息。

因此，大學教師必須斟酌拿捏適當的課堂音量，把握教室每一角落學生都可以清晰聽到，再略為大一點點的原則來設定，同時也諮詢一下學生的感受，據以斟酌調整。

展現較爲高昂的教學氣勢

除了小學低年級的課堂，學生興奮程度會高於教師之外，其他絕大多數的課堂，學生的學習士氣幾乎都低於教師。擔任授課的大學教師本身如果氣勢低落、精神委靡不振，學生的學習士氣必然更等而下之。因此，大學教師要能以較為高昂的氣勢進行教學，藉以帶動、感染學生，拉抬學生的學習士氣。換句話說，大學教師上課時，本身要先能「夠high」，才能帶動學生有較high的學習動力。

我對師資生說，他們未來到學校任教，若授課時是以講述為主，那麼我送給他們一句八字箴言，上聯是「能言善道」，下聯是「愛秀敢演」，附加橫批「不要臉」。雖然說法有點搞笑，但卻也是吸引學生學習動機的方法之一。教師授課應力求口才辨給，講述精彩流暢，最好還能搭配適切、豐富，甚至略顯誇飾的肢體、表情或動作，授課有點像是綜藝節目主持人或者厲害的說書人的樣貌，不只是「講課」，而且還能「演課」，唱作俱佳，自帶聲光效果（例如：說話會適當展現出音效或狀聲詞），教師本身就能發揮類似多媒體的效果，這樣才比較能夠與學生手上的手機相匹敵，爭取學生的眼球和耳朵。

有一回週六我受邀到某校對師資生擔任六小時的班級經營課程客座講授，下課時間有一位師資生前來，他表示昨晚睡眠時間很短，但是今天聽我上課，全日卻不怎麼覺得疲累、想睏，他感到有點訝異，想不出原因，跑來問我。我當然不知道原因，不過我猜我上課氣勢比較高亢，而且講課帶有一點演的成分，應該是讓這位師資生可以克服瞌睡蟲的重要原因之一吧！

多元變化與趣味包裝

人的天性不喜歡一成不變及單調無聊，而對於新鮮、變化、帶有趣味的事物，會有較高的接觸意願。ARCS動機模式的A要素「注意」主張使用的策略之一即強調「多樣性」。多元變化除了本身一方面就容易引發注意、喚起知覺與探究意願之外，另方面也比較有機會滿足不同個別差異的學生。基於此，大學教師在全學期、一單元或一堂課的教學上，應該力求展現多元變化，或者適度的做趣味性的包裝，以期激發或維持學生的學習動機與興趣。

使用或展現多元媒體之教學

在教學方面，最值得注意的個別差異，包含學生的認知風格（cognitive style）以及多元智慧。認知風格是指每個人處理訊息方式的不同傾向，一般多分為聽覺型、視覺型、體覺型等，例如：聽覺型的學生比較擅長透過聽覺管道，來獲取資訊或者產生學習，若提供給他視覺管道或視覺類訊息，他的認知學習效果將會降低。晚近，紐西蘭學者弗萊明（N. Fleming）則進一步區分為聽覺型、視覺型、讀寫型、體覺型，並指出學生可能是單一某一類型，例如：V型、A型、R型、K型，但更多時候是混合多種認知風格，例如：VA型、AK型、VAR型、VARK型等。

迦納（H. Gardner）的「多元智慧」理論分為語文智慧、邏輯數學智慧、音樂智慧、空間智慧、驅體動覺智慧、人際社交智慧、內省自知智慧等七種，其後又新增提出自然觀察智慧、存在智慧。每個人在這些智慧面向上各有優勢、劣勢，例如：有個學生學業成績良好，但卻是個害羞內向、跑不快且跳不高，走在街上隨時會迷路的糊塗蟲。語文智慧、邏輯數理智慧可能是他的優勢智慧，但人際社交智慧、驅體動覺智慧以及空間智慧則是他的弱勢智慧。

由於學生之間存在前述個別差異，大學教師理應分別針對不同學生，提供適合各該學生認知風格與優勢智慧的教材教法，使其能獲得最有利的學習資源，並獲得最佳的學習成效，這對激勵或維持學習動機也將會有所幫助。但是實務上，一個班級中的學生各有不同的認知風格與優勢智慧，教師若想分別且同時兼顧與滿足，即有必要實施多媒體的教學。

多媒體的教學不一定專指教師必須使用教學科技，例如：電腦、投影機、大屏等設備，或者使用平板、手機等行動裝置，或者播放數位語音、影音或影片等來實施教學。多媒體的重點在於教師能夠提供視覺、聽覺、讀寫、體覺等兩種或更多種取向的教材內容，或者能夠對應到多元智慧中的若干種。在此情況下，大學教師在課堂教學時，至少應該要能提供給學生書面教材，講授時播放投影片，投影片中有些段落會連結網路影音，再來就是如前面「能言善道，愛秀敢演」所述，大學教師課堂上以口語方式講授的同時，能搭配若干表情、肢體或手勢，加上能在適當的時間或段落安排學生實際操作或練習，這樣就可以同時提供多元取向的學習訊息，滿足不同多元智慧，達到多元媒體教學的訴求。

尋求多樣變化

大學教師的課堂教學要有基本的模式，一堂課開始時、過程中、乃至於末尾，大致上要從事哪些教學活動，必須有約略的慣例，這樣才能使學生對於教師的教學能有可預測性，不會因為每次課堂的運作模式都不一樣，而經常感到疑惑茫然。尋求多樣變化是在前述基本教學模式之下，在細節之處酌做適當的變換，讓課堂教學略為展現出不同的樣貌。

第一，變換教學活動。大學教師的課堂教學除了使用講述之外，亦可廣泛搭配使用問答、討論、練習、操作、實物觀察、實地參訪等不同活動方式進行。

第二，變換教學面孔。課堂時間多以大學教師自己擔任授課為主，但部分時間可以引入其他人員擔任教學。例如：邀請專家學者、實務工作業師、畢業學長姐蒞班演講授課，或者與其他教師一起協同教學，或者安排學生擔任教學等。當課堂出現不同的面孔，也有機會引發學生對課堂的新鮮感與學習動機。但是要注意的是，大學教師不宜到處爭取經費補助，過於頻繁的邀請其他人員代替自己擔任授課，以免引發怠惰、卸責的批評，或者遭到缺乏專業知能足以勝任教學的質疑。此外，安排學生輪流擔任教學，例如：整學期大多數時間都安排學生報告，某種程度也等於讓學生淪為是從同為初學者、自己也都一知半解的同儕，而非從最專業適格的教師處獲得學習的異象，其正當性存在疑慮，運用時應拿捏好分寸。

第三，變換學習組合。大學課堂除了全班性的個別聽講、向教師學習之外，可以全程或部分時間安排學生同儕形成學習組合，協力合作完成學習任務。例如：適時安排全班討論、分組合作學習、兩兩成對學習，必要時亦可個人獨立學習等，藉由學生學習組合的適當變換，引發學習的新鮮感。如果是分組學習，也可以定期或不定期更換各組成員，讓學生能夠有更多的機會與不同的同儕成為學習夥伴。

第四，變換運作方式。以討論為例，大學教師除了慣用的全班討論、分組討論之外，也可以使用諸如兩兩討論、六六討論法、世界咖啡館、魚缸式討論法等不同形式。在帶領學生系統思考時，除了傳統慣用的討論題綱之外，也可以導入諸如ORID、4F、曼陀羅、六頂思考帽、批判思考、創造思考等作為思考或討論的參照架構。又例如：分組討論之後邀請各組學生發表，除了依照組別順序之外，有時候可以逆向邀請編號最後面的組別先行發表，有時候也可以從中間順位的組別開始。

第五，變換教學場地。除了在教室實施教學之外，在不損害教學效果的前提下，可以視需要，部分時間將教學現場移到其他地方，例如：校園、社區，或者其他適當的場地、機構或場館，空間的改變也可以讓學生感受到趣味。不過，大學教師把課堂空間拉到校外時，要考慮到學生往返耗時，經常會妨害學生前後的課堂，或者造成其他學科教師抱怨學生未能到課，因此也要審慎考量與斟酌。

第六，導入創意性的教學。如同第一篇提到的小小c概念，將一些早已存在的做法運用到不曾經歷該做法的人的身上，讓那些人覺得新鮮且有成效，這也是日常創意的一種實踐方式。基於此，教師可以廣泛參考各種來源的點子或構想，例如：從團康遊戲、電視益智或綜藝節目等吸取靈感，稍加改變、甚至直接抄襲，運用於課堂教學中，只要班級學生不曾經驗過，大學教師第一次將此教學方法運用在他們身上，感到新鮮有趣，並且有助提升學習成效，這也可以算是一種創意教學。當大學教師能偶而運用一些創意性的教學策略或方法，使學生得以見聞或接觸不同於平常的教學，也會有助於激勵或維持其學習動力與興趣。

趣味幽默

人們天生都有玩樂的天性，因此大學教師教學時，適當的將有趣的元素融入教材內容中，使用幽默風趣的言詞，設計具有趣味性的作業或評量活動等，讓課堂增加活潑趣味，也是維持學生的學習興趣或動力的可行策略之一。

趣味不一定是好笑，更廣義的乃是指感到有興趣，或者讓學生覺得津津有味；幽默不一定是令人哈哈大笑，更多時候可能是會心一笑。趣味幽默的教學，可以考慮下列做法：

第一，表現對學科的高度興趣與肯定。不知何故，某些教師有時會脫口說出「學這些東西沒有用」、「這個部分不重要」、「書本上的東西都是死知識」之類的話語。若教師都表現出對學科學習的鄙夷輕視，否定學科的趣味與價值，相信學生更不會看重，也就不可能產生較高的學習動機。因此，大學教師應該要對任教學科展現高度興趣。例如：在教學過程中，不時的以欣賞、讚嘆式的態度，對學科中某些學者的創見、洞見，或者某些選文，發出「真是太厲害了」、「真是偉大的真知灼見」、「不愧是一代大師」、「寫得真是太妙了」之類的話語，引導學生興起類似的心情或態度。類似這種做法，我在課堂上會對學生說：「學科中的理論學說，是那些聰明的學者窮其一生研究出來的成果，我們卻以短短半個小時或一節課，就把學者畢生的智慧精華給學過來了。能夠『站在巨人的肩膀上，讓我們看得更高更遠』，這真是太幸福啦！」藉此來引導學生正面看待所學的理論知識、原理原則，也激發學生對學科學習的重視和興趣。

第二，使用風趣幽默的語言。大學教師可以嘗試在教學內容中尋找若干可以開開小玩笑的所在，作為嚴肅課堂中的小小調劑。例如：我有一堂課要介紹某位學者的理論，我對學生說這個理論乃是孫悟空提出來的，問學生知道原因嗎？學生一臉茫然，百思不得其解，其後我揭曉，原來提出者姓氏乃是Walker，Walker也就是「走路的人」，換言之，就是「行者」，行者就是「孫悟空」。學生聽了之後，都發出恍然大悟的會心微笑。還有一回在考試前夕，學生希望我不要出太難，能夠「放我們一馬」，我本來就沒有要刻意刁難他們，所以就回說：「馬早就跑掉了，不用我來放。」全班也是哄堂大笑。

第三，安排趣味性的教學。所謂「寓教於樂」，大學教師可以安排一些趣味化的教學活動，例如：有獎徵答、搶答，點選學生時使用抽籤或大十字，或者是使用諸如臺大電機系葉丙成教授與學生團隊所開發的Zuvio（河洛語諧音「趣味學」）雲端互動軟體，或者PaGamO（河洛語諧音「打Game學」）線上遊戲學習等，來輔助課堂進行，達到趣味化的目的。我也曾與師大張民杰教授合作開發一套中小學師資生適用的班級經營大富翁桌遊，運用於班級經營課堂上。不過，使用趣味化、遊戲化的教學要注意避免過度占用時間，或者操作複雜，平添困擾；也要避免反客為主，防範遊戲受矚目的程度反而蓋過了主要學習內容。

第四，分享實例故事。教學要讓學生覺得趣味，有時候也很簡單，就是多多分享課程相關的實例或者是教師經驗見聞的故事。例如：我在「課程發展與設計」這門學科，就常常在課堂上與學生分享我早期在臺灣書店服務時，適值臺灣教科書從統編制度改變為審定制度，因此見聞許多教科書政策相關的軼聞故事，把這些軼聞講給學生聽，學生聽故事通常都聽得津津有味。

安排競爭以激發鬥志

前面提過，攻擊是人類行為動機的兩大驅力之一。在教育學習方面，攻擊驅力轉化成競爭，人們在競爭的情境中通常喜歡贏、不喜歡輸的感覺，因此很能激勵學習動機。

除此之外，與霍桑效應相對，另有所謂的「強亨利效應」（John Henry effect）。強亨利是美國一名從事鐵路工作的黑人，因為知悉公司將引進一種機器做實驗，期望未來能取代工人，他便想使自己的工作績效能夠超越機器，因此拚命工作，以避免被取代，後來力竭而死。強亨利效應可以解釋控制組受試者不甘示弱，力圖與實驗組一較高下，於是有超乎尋常表現的現象。強亨利效應也說明著人們存在著競爭而不甘服輸的心理。這種心理除了運用在教學初始激發學生去挑戰未知、未學的領域之外，在教學歷程中亦可用於設計競賽機制，以持續激發或維持學生的學習動力。

實施競賽活動

設計實施各式各樣的個人競賽、小組競賽等，甚至是班際之間的競賽，學生基於好勝心理，激發鬥志，進而激勵並維持其學習動機與興趣，乃是歷來屢見不鮮的教學措施，大學教師可以適當的設計採用。

不過，大學教師也要知道，一般而言，較高教育層級的學生（大概自高中開始）對於需要較多身體投入參與的競賽活動，也可能會有所排斥，因此課堂上安排的競賽應該避免是需要跑跳、衝刺性質的；換言之，應安排較靜態的、坐在座位上就可以參與的競賽活動。

競爭本質上會產生勝敗輸贏，競爭中獲勝的贏家雖然會感到高興，有益於後續學習動機的激勵或維持，但是不要忘了同時會出現更多的輸家。大學教師運用競爭策略以激發學生學習動機時，要注意避免過於強調勝敗或輸贏，讓學生產生了不必要的挫折感，反而斲喪其學習興趣與動力，甚至也有可能因為競賽而造成同儕之間不和或對立。

引導學生個人自我競爭

同儕之間的競賽競爭容易引起勝敗輸贏或紛爭，大學教師也可以轉向引導學生自我競爭。自我競爭的安排通常有兩種途徑。

第一，引導學生超越前一次的自我表現。這就相當於與前一次的自我表現做競爭，在教學實務上最常見的就是「進步獎」的設計。除了傳統的進步獎之外，也可以考慮實施改良版的金、銀、銅牌進步獎，詳情請參閱本篇第五章的介紹。

第二，引導學生達成或超越自訂目標。杜拉克（P. Drucker）提出的「目標管理」理論，以及洛克（E. Locke）提出的「目標設定」理論都發現，設定目標對於提高績效和生產力具有積極的作用。因此，教師可以引導學生自行設定目標，鼓勵學生以達成或超越所訂目標而努力。例如：大學教師可以在期中考或期末考之前幾週，與學生討論他們期望自己在這次評量考試中獲得的目標分數是多少，請學生設定並書寫下來，隨後鼓勵學生以此目標分數為標竿或競爭對象，努力投入學習或考試準備，讓自己能夠達標或超越，獲得競爭獲勝的成就滿足，這對於激勵學生學習動機也會頗有助益。

第四章 賦權與增能

在組織行為研究領域，empowerment的定義與內涵有不同的說法，早期偏向權力或權威的釋放，晚近又加上提高成員做事能力，因此empowerment基本上可以分為「賦權」與「增能」兩部分，強調給予成員權力、自主、責任，同時也激發、培養並提升其能力。這樣的賦權與增能對於成員的學習與成長，以及個人與組織目的之達成，將具有正向的作用。大學教師在課堂教學上也可以同時從賦權參與、增能補強這兩方面著手，以激勵學生的學習動機。

賦權參與

權力需求是麥克里蘭、艾金森「三需求理論」的需求項目之一。而諮商心理學者葛拉瑟（W. Glasser）認為人們有生存、歸屬、權力、自由、樂趣等五種需求，自我決定論（self-determination theory, SDT）也認為人類有自主決定、關聯歸屬、成功勝任等三種需求，其中都共同指出人類重視自主決定的權力。

對管理者而言，賦權的重要做法之一是權力下放或者分享；換言之，就是參與。「參與管理」相關研究指出，人們對於自己有所參與的事務，總是會有較高的動機與較多的投入，有助於提升生產力、忠誠度、工作滿意度，減少工作推動的阻力。前章末尾提到的「目標管理」及「目標設定」理論也都提到，如果讓員工與管理者一起參與績效目標的決定，或者讓員工自行設定績效目標，員工反而傾向會設定更高水準的目標，並不斷尋求再突破。既然賦權參與有如此良好的效益，那麼大學教師應該嘗試讓學生參與教學事務，使學生因此而能有較高的學習動機。

學生中心的學習

傳統的教學形式多為教師中心，由教師主導整個教學歷程，學生則處於被動接收的地位。學生中心的教學則反之，把學習的責任還給學生，教師轉為從旁輔助的地位與角色，不再大量講述，學生必須成為課堂學習的主角，積極主動的參與整個教學過程，為自己的學習負責。當採取學生中心的學習模式時，學生基本上都必須動起來，否則無法產生學習或完成任務，因此較有機會激勵學生的學習動力。

學生中心的學習是當前頗為提倡的教學方法，大學教師亦可酌予採用。學生中心的學習通常會採取各式各樣的合作學習，例如：學生小組成就區分法（student teams-achievement divisions, STAD）、拼圖式（jigsaw）合作學習法等，或者同儕教學、問題導向學習，或者諸如自學輔導法等個別化學習。

必須注意的是，安排學生中心的學習，教師必須更用心的布置學習的情境、設計學習任務，從旁提供更多個別化的輔導，並且能夠有效的促發學生主動擔負起學習責任，否則「放牛吃草」式的學生中心學習，教師不教，學生也沒有學，淪落為師生集體怠惰，得到「刀切蘿菜－兩頭空」的下場，比起傳統教師中心的教學，學生在教師權威督導下被動學習，或多或少還能學到一些東西，不當的學生中心學習，學習效果可能不升反降。

此外，先前在「變換教學面孔」處也提到，學生為中心的學習要注意學生不是向最專業、最適格的教師學習，反倒是向初學、非專業、一知半解的學生同儕學習，有可能造成學習品質低落，甚至學生產生錯誤學習卻不自知，教師也無從覺察，無法加以導正。

安排學生參與課堂活動或互動

持平而論，學生安靜坐在座位上聽講，也是一種參與，只是此處提到的學生參與，必須超越這個基本層次。

安排學生有多一些的課堂參與，其參與程度依實際需求或情境，從高度參與，到低度參與，有多元的安排方式，大學教師可以衡酌情形做適當的選擇。例如：教師以講述為主實施教學，但部分時間安排學生分組或兩兩進行討論並發表見解，或者點選邀請個別學生回答問題或分享經驗，或者請學生上臺或在座位上演算題目、對話練習，或者指派作業或任務要求學生完成等。只要能夠讓學生脫離靜坐聽講，而與教師之間或同儕之間能有較多的互動，都算是讓學生參與教學的一種安排。當學生有較多的課堂參與時，學習動機與興趣通常都會比完全靜坐聽講要來得高。

學生參與教學計畫或自選學習項目

開學之初，大學教師讓學生對教師預擬的授課計畫發表意見，並參考其建議酌予修改，可以讓學生感覺自己是教學計畫的共同決定者，未來有機會更能依循教學計畫投入學習。

其次，對於某些學習內容或方式，大學教師可以給予學生自由選擇的空間。例如：大學教師可以開列若干學習任務，讓學生依據興趣或需求，自選項目從事學習或者展現學習成果。我在「班級經營」課程中，列出諸如擬訂班級經營計畫與行事曆、撰寫教師履歷資料自傳與自我介紹詞、評析班級經營案例、設計班級識別系統、擬訂班級幹部職務說明書、發展班級特色事項等作業項目，讓學生挑選其中至少兩項，來作為學期作業。相對於教師指定，學生對自選的作業項目通常會更有好好完成的意願。

建立學生學習責任感

幾乎任何集會的場合，比較會全程專注投入歷程的，應該就是集會的主持人或承辦者，至於一般的與會者通常會認為今天這個會議並非我主持，自己只不過是眾多與會者中的一員，會議成敗的責任不在於我，因此專注投入或參與的程度就會有很大的落差。

在教學現場，特別是教師中心的教學形式下，大多數時候、大多數學生都會有一種錯覺，認為這間教室、這節課堂、這門課程等，乃是教師的「場子」，自己只不過是來「捧場」的。因為有著這樣的錯覺，因此學生在學習行為上就會顯得較為消極。

賦權不宜僅有權力的分享與獲取，權與責之間必須緊密結合，當獲得授權的同時，必須要能擔負起責任，權責相稱方為適當，否則有權無責將無法發揮預期的效益。因此，在賦權給學生的同時，甚至即使並沒有太多的賦權，大學教師都有必要透過適當的口頭講話或書面文字，提醒學生好好釐清學習成敗最攸關的還是他自己，與教師關係不大，大學教師只是來從旁協助他，學生有必要覺醒並為自己的學習成敗擔負起應有的績效責任（accountability）。透過這樣的提醒，或許有機會矯正學生已經丟失，或者從未適當建立的自我負責觀念。

增能補強

前面提到，賦權的同時必須要能負責，而要能負責，往往也同時需要增能，方能擔起應負的責任。教學八大原則中的「自動原則」，強調學生要自發自動願意投入學習，但是如果有學習意願，卻欠缺所需的知能基礎，也無法真正獲得成效，學習動機也難以長久持續。因此，有人主張「自動原則」應該加上「能動」概念，成為「自動能動原則」，意指在教學開始之初，不但要讓學生能夠自動自發願意學習，而且還有能力進行學習，如此才較為完善，也較能激勵維持學習的動力與興趣。

先備知能補救教學

部分學生的學習困難係源自於缺乏先備知能基礎，導致進階的內容無法有效學習。這對大學教師而言，是頗為頭痛的問題。但是為求有效解決問題，則勢必還是要給予補救教學。

先備知能的補救教學方式，可以視需要補救的學生人數多寡、落差情形、教材性質，以及教師人力等因素而定。若僅有個別學生或人數不多，且學生知能落差不大，教材性質又不致太難，而且沒有輔助人力，那麼可以採取「個別學生自學輔導」或「小組自學輔導」方式，提供教材讓學生課外自行學習或共學。若僅有個別學生或人數不多，且有充分的輔助教師人力，而學生缺乏的先備知能不盡相同，且教材性質不易自學時，教師可以採取「個別補救教學」方式，安排教師、助教、教學助理或績優學生，個別針對這些學生給予補救教學；類似的狀況，若多位學生缺乏的先備知能較為相似，則可以考慮採取「小組補救教學」。但若全班或大多數學生都需要補救教學，且教材性質較難，學生無法自學，那麼教師則要考慮採取「全班補救教學」方式，由教師本身、助教、教學助理或者績優學生，選擇適當的時間提供補救教學，儘速填補其學習本學科應該具備的知能基礎。

學習策略指導

呼應「授之以魚，不如授之以漁」的理念，大學教師在教導學生學科相關知識技能的同時，最好也提示或教導學生掌握必要的學習策略或方法，使其能夠成功學習或有效學習。大學教師協助學生掌握學習策略的具體做法，大致包括協助學生理解自己的學習特質，以及教導學科或一般性的學習策略與方法。

第一，協助學生理解自己的學習特質。例如：近年我在「教學原理」課程中，會引導學生進行VARK學習風格的檢測，讓學生知悉其學習風格屬於聽覺、視覺、讀寫、體覺哪一種單一形式或哪一種複合形式，然後參考該網站提供的學習建議、應考準備技巧等，提供資料給學生參考，建議學生使用符應其學習風格的方式從事較高效率的學習。我進一步還將四大類學習風格建議的學習策略與方法，摘要製成如圖八的卡片，分發給各該型學習風格的學生，當作書籤使用，讓學生可以經常性的看到這張卡片，從而指引其使用適性的策略或方法進行更有效率的學習。

除了學習風格的施測之外，大學教師可以請教學校心理諮商或學生學習資源相關單位，查詢該單位是否有大學生學習相關的測驗或輔導課程，例如：「大學生學習與讀書策略量表」。此一量表可以瞭解大學生學習「態度」、「動機」、「時間管理」、「焦慮」、「專心」、「訊息處理」、「選擇要點」、「學習輔助術」、「自我測驗」、「考試策略」和「解決學習困難策略」等狀況，診斷學生學習的困難或癥結，以利於針對優勢加以發揮、針對弱勢尋求彌補。該量表年代略顯久遠（一九九一年編製），但在未見新版本或替代測驗之前，仍然可參考使用。大學教師若能商請相關單位前來施測，同時搭配或者單獨實施學習策略輔導課程，對於提升學生學習能力也必然有所幫助。

第二，教導學生學科或一般性的學習策略或方法。大學教師應該都掌握或體悟有若干不錯的學習策略或方法，

圖八

V

1. 上課時，抬頭看老師講課的肢體動作與表情。
2. 閱讀講義時，使用不同色彩的筆或螢光筆畫重點。
3. 觀看講義或投影片上所附的圖、表。
4. 使用關鍵字、符號、圖畫等，把學習內容繪製成架構圖、心智圖或其他圖表。
5. 考試時，腦海中回想所記得的圖表或講義等視覺畫面，來幫助自己記憶與答題。

A

1. 注意聆聽老師課堂上的講述，並且記住重要的話語，或者故事、例子。
2. 與同學口頭討論學習內容，或向其他人講述學習到的內容。
3. 朗讀講義或者筆記的文字內容；甚至將朗讀錄成語音檔，有空時收聽之。
4. 準備考試時，口頭實際說出或者在腦袋中說出問題的答案或者學習的重點。

R

1. 詳細研讀講義或者投影片等教材上的文字內容。
2. 將學習內容用頗為詳細的方式寫成條列式的筆記。
3. 將教師講述的故事、例子，用文字記下來；或將教材中的圖、表，轉換整理成文字語詞。
4. 準備考試時，一遍又一遍的研讀講義、或投影片、或筆記。
5. 準備考試時，將學習要點或問題答案用手寫出來，以加強練習。

K

1. 注意並記得老師在課堂上講的一些真實故事或例子。
2. 把學習內容與自己既有的、真實的教學/學習經驗做對照連結，輔助自己理解。
3. 透過作業練習(例如敘寫教學目標、學生先備條件等)，幫助自己理解所學的知識概念。
4. 準備考試時，使用考古試卷，比照正式考試般的進行模擬考試。

無論是特定學科的，抑或是一般通用的，都可以不吝與學生分享。例如：我常常提醒修課學生，對於學科內容的學習首先應尋求真正的理解，一旦理解，記誦負擔就會減輕，而且記憶保留效果也會更好。再者，我會請師資生在聽課或研讀教材的過程，要將所學的教育理論或概念，經常性的與自己過往中小學時期的受教經驗彼此連結，檢視過往教師、同儕或教育環境，與所學理論概念之間的異同，或者隨時設想未來自己任教帶班時，將要如何實踐或運用所學的知識概念。

此外，我認為反覆學習很重要，「一回生、二回熟，三回可能變成精」，因此建議學生在學期學習歷程中，最好能夠課前預習、課中學習、課後複習。每個學期結束、開始放寒暑假之前，我也會張貼一則如圖九所示的「讀門武功祕笈」圖檔，公告並同步郵寄給學生，建議學生在假期之初，最好能夠利用一小段時間，在沒有壓力的情形下，快速的瀏覽複習當學期重要學科的學習內容，以收溫故知新、豁然貫通、更上一層樓的學習效果。

圖九

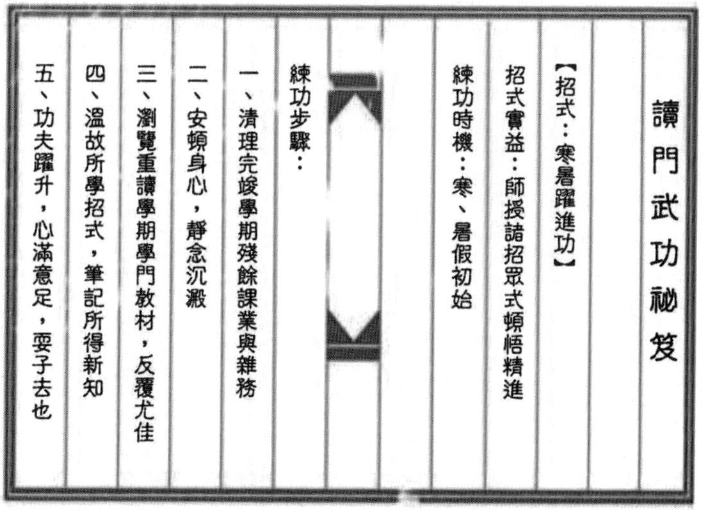
讀門武功祕笈
【招式：寒暑躍進功】
招式實益：師授諸招眾式頓悟精進
練功時機：寒、暑假初始
練功步驟：
一、清理完竣學期殘餘課業與雜務
二、安頓身心，靜念沉澱
三、瀏覽重讀學期學門教材，反覆尤佳
四、溫故所學招式，筆記所得新知
五、功夫躍升，心滿意足，耍子去也

精熟學習與訂正補足

要奠定學生學習的知能基礎，大學教師首先必須紮實的教導學生學科重要知識技能，而且儘量訴求學生能夠達到精熟。如果每一位大學教師都能善盡自己的責任，引導學生真正學會學科重要知能，對於其他相關學科師生的教與學，不啻是一件功德。

大學教師平時督促學生能夠精熟學習，但在評量考試之後必然還是會發覺學生有未盡精熟之處。在一般情況下，不勝唏噓、感慨一番之後，也就讓它過去了。但是，大學教師可以要求學生針對評量考試進行訂正。學生在中小學教育階段的每一次評量考試，都很習慣的會進行考後的檢討、訂正，但是上了大學之後，鮮少大學教師會延續這樣的做法，幾乎都是考完、登記成績之後，就告了事。訂正乃是針對評量考試中發覺的學習錯誤或疏漏之處，予以修正、釐清或加強，是一種事後追求精熟學習的重要做法，大學教師應該盡可能實施之。

很長一段時間以來，我都實施著「考後一百分」的做法，也就是在每一次評量考試、發還試卷之後，鼓勵學生針對錯誤或疏漏之處進行訂正。為了鼓勵學生積極訂正，因此提出加分誘因，學生如果能夠正確、詳實、且展現高度誠意的訂正試卷，可以獲得「未得分數最高一半的加分」，例如：某位學生原始評量得分為七十二分，他的考後訂正非常用心，不但正確、詳實，而且讓我感到誠意滿滿，展現追求彌補與精熟的上進心，我會給他未得分數二十八分、最高一半十四分的加分，他這次評量的成績就會變成八十六分。但若訂正不是那麼周全，加分比例就會酌減。經驗顯示，全班大約三分之二到五分之四的學生都會願意進行訂正，達到事後彌補與精熟的訴求。當然，在多次的評量考試中，後續的考後一百分加分比例會遞減，例如：降為三分之一、四分之一，以免學生在原始評量考試中不力求獲取佳績，而錯將分數寄望於事後的加分上。

第五章 獎勵與讚賞

行為主義操作制約學派認為行為建立、改變或維持的關鍵乃是「增強」。增強作用有很多不同類型與變化性的複雜設計，僅就基本類型而言，主要包含正增強、負增強、懲罰、消弱等形式。消弱是透過策略性忽視中止學生不當行為，與激勵學習動機較無直接關係。教師可以透過懲罰方式對學生施以嫌惡刺激，達到提振學習動機的效果；或者透過負增強方式，預懸某些嫌惡刺激，告知學生若能完成學習任務或達到標準，即可取消這些嫌惡刺激，例如：告知學生若課堂學習士氣低落，將於課堂尾聲實施隨堂考試，但若學習士氣高昂則可以免除。適當使用懲罰或負增強，可以發揮督導並激發學生學習動機的效果，但這兩者都以懲罰為威脅，使用上仍須謹慎。

大學教師通常還是優先考慮使用正增強方式，亦即獎勵，來激勵學生的學習動機。學生為了爭取獎勵，或者因為嘗過了獎勵的甜美滋味，為了繼續獲得獎勵，因此便會激發或維持較高的學習動力。

使用獎勵來引發行為動機，是非常古老且慣用的方法。雖然此舉常被批評不如啟發學生不為任何理由而喜愛學習這樣的內在動機，但是在實務上，獎勵仍然具有積極價值與必要性。而且包含大學教師所從事的事務在內，大多數也都還是基於外在動機，稱得上是內在動機的恐怕有限，因此在學生學習動機普遍低落的情況下，無須侈言內在動機。如果大學生連外在獎勵都不在意，就像張惠妹的一首歌〈原來你，什麼都不想要〉，那才真的值得大學教師擔憂。

獎勵學生的方式有多元不同的選擇，大學教師應廣泛掌握並彈性運用。

公告表揚

大學教師可以透過適當的平臺、管道或場合，針對學習歷程或結果，公告表揚學習努力或績優的學生。學生因為獲得表揚，或者期望獲得表揚，因此有機會激發或維持學習動機。

學生期中考、期末考或者階段性評量之後，我會設定特定的表揚標準，例如：一百分者稱為滿分，九十分以上者稱為特優，八十分以上者稱為優等（分數界線依據整體學生表現酌情提高或降低，總表揚學生人數大約在全班學生數的三分之一以內，不使其顯得過於浮濫）；另外，部分課程在教學平臺上提供學生課後能夠使用的自我評量試卷，因此有第一篇提到過的「自我評量百分百」。前述績優或努力的學生名單確認之後，將其張貼在教學平臺公告區，並同步發送至學生的電子郵件信箱，予以公告表揚。

公告表揚基本上是給予當事學生社會性或精神性的獎勵，同時也期望其他同學見賢思齊。必須提醒的是，雖然傳統觀念認為「揚善於公堂」，但是不同的學生有不同的個性，有些學生可能不喜歡「嶄露頭角」，或者班級有反智主義之類的不當學生次級文化，會攻訐或排斥受獎勵的學生，公告表揚反而會為當事學生帶來壓力或傷害，因此大學教師也要注意公告表揚可能帶來的困擾。若覺察到有這樣的現象或疑慮，則應該改用私下、非公告的方式來表揚學生。

我現行維持公告表揚此項做法，是大膽假定學生都會喜歡教師公告表揚他們優良的學習表現或努力，不會有不良副作用。不過預設一種情況，如果有學生向我反映，他不喜歡教師公開他的學習表現，那麼我必然立即向他致歉，並且修改相關公告，而後續這位學生若有優良學習表現，也不會再列於公告名單上。至於沒有表達異議者，我則假設他們是喜歡的，或者至少不以為意。

公告表揚的另一種做法是在當事學生同意的前提下，展示學生的優良作品，例如：張貼於教學平臺上，或者公開朗讀，讓學生同儕傳閱，邀其展演發表，或者推薦投稿發表於書報、期刊或雜誌等，同樣可以達到公告表揚的獎勵效果。

讚賞與鼓勵

讚賞是經常使用的獎勵方式之一，可以採取口頭、非口頭或書面三種形式實施。口頭形式方面，大學教師在課堂上對於學習表現優良的學生，以口語即時給予讚許或肯定，例如：對提出問題的學生，肯定他提出了一個非常寶貴的問題；對回答問題、發表意見或分享經驗的學生，肯定他回答或發表分享的內容正確、具有洞見、或者具有參考性；即使回答並非理想，也不予以否定，而以「這也是一種可能的見解」視之，最重要的，就是肯定他願意參與回答或發表意見。

前述口頭讚賞乃是以公開即時進行，但口頭讚賞也可以或適合私下進行。例如：教師在課堂上巡視學生討論或做作業時，或者學生出列領取考卷或作業時，或者利用下課空檔時走近當事學生，在其他同學沒有注意到的情況下，口頭低聲讚賞他的優良表現。

非口頭形式方面，例如：隔著一段距離，使用非口語性的表情、手勢或肢體語言等，對當事學生隔空傳達肯定之意，這也是一種可行方式。相對於公開讚賞，私底下、非公開、甚至無聲的讚賞方式，學生有時候更能感受到教師給予的肯定，更能產生個人意義及發揮效果。

書面形式方面，例如：透過第一篇提到的加值性批閱回饋，或者透過蓋章、卡片、信函、便箋、電子郵件或私訊等，以書面文字或圖文，對學生優良表現給予肯定。書面形式的讚賞雖然並非當面給予，但可以保留並反覆看見，進而發揮更綿長的獎勵效果。

口頭或書面的讚賞應該儘量具體，並且儘量對學生的作業、作品、學習任務，而非對學生的人或人格進行讚賞，例如：「你的設計很不錯、很棒！」或者「你真是我看過最優秀的學生。」這只是籠統的讚賞，以及是對人的讚賞。大學教師可以改為：「某某，妳設計得很棒！妳這邊的構圖，展現一種我沒有看過的韻律美感，還有這邊加上的裝飾，讓整個畫面在簡約中不失變化，真的很不錯。」具體的讚賞能夠讓學生知道教師真正看到了自己作品的優點，而不是應酬式的敷衍，讚賞的效果將會更好。

更加正式化的讚賞是製作並頒贈獎卡或獎狀。例如：製作學習績優紀念、百分百紀念之獎卡贈送給學生。獎卡或獎狀的製發，請參考第一篇第八章所述。

除了讚賞之外，大學教師還可以多多使用鼓勵的方式來激勵學生，期望學生未來保持優良表現或努力，或者更加努力，更進一步。有人認為鼓勵更優於讚賞，因為讚賞只能在學生最終或有好的學習表現時給予，並且容易養成學生對外在酬賞的依賴，而鼓勵則無論學生學習表現如何，在學習過程或結束時都可以給予，而且比較不會造成學生的依賴。但我認為讚賞應該沒有那麼不妥當，因此大學教師不必偏廢，可以兼採並用。有時候單獨的使用鼓勵，例如：「繼續加油，現在大家的設計已經開始有個樣子了！」；有時候則是在讚賞學生的同時，鼓勵其未來持續維持學習動機、展現良好的學習表現。例如：前面設計作品的具體讚賞舉例中，教師最後可以加上「我真心期待未來都能看到妳有這樣的佳作。」

給分或加分

給分或加分獎勵是傳統常見且慣用的獎勵做法。針對學生的績優表現或努力，在預定的或非預定的額外成績考核項目，給予特定的分數或外加分數。此舉對於在意成績的學生而言，因為獲得加分，或者期望獲得加分，因此極有機會激發其學習動機。

給分或加分獎勵雖然看似簡單，但也有一些需要思考的地方。例如：第二篇第二章提到教師要避免連坐處分，但是在獎勵方面，對於連帶獎勵也要有類似的思考。具體言之，即大學教師給分或加分時，要能辨別有績優表現或努力的主體，到底是個人、小組抑或是全班，並對應給予該主體獎勵，不宜無區辨性的讓沒有績優表現或努力的其他人平白獲得獎勵。

最常見的情境會出現在分組合作學習場合，例如：搶答的課堂活動中，某一組的某位成員搶答答對問題，教師即給予該組計分計點。這看似普通常見的做法，雖然比較不會引發爭議，但並不十分合理。答對問題乃是那一位學生個人的學習表現，其他組員並沒有參與或貢獻，但教師卻計給全組獎勵，雖然給獎通常不嫌多，皆大歡喜，有些人會美其名稱為「為團體爭取榮譽」，但是讓部分學生「無功亦可受祿」，仍有其可議之處，特別是會讓學生學到自己不需要努力，只要跟對人，即可坐享其成的錯誤觀念，這有反教育之嫌。

頒贈獎品

獎卡與獎狀屬於非物質性的酬賞，大學教師亦可頒贈物質性的獎品給學習表現績優或努力的學生。

教師購贈給學生的獎品，原則上都是非高價的學用品、文具或飾品小物，因此不至於造成教師太大的經濟負擔。近年來，我比較常採購的獎品是筆記本。有些封面設計還頗為精美的筆記本，一本大約在十元至二十元之內，一次大量採購備用，經常還可以爭取到一些折扣。除了購置之外，大學教師可能會有自己出版的書，或者獲贈的書籍、紀念品等，若自己用不上，而學生也適用，亦可當作獎品致贈學生。獎品的頒贈可考慮做些區隔。例如：同樣列入受獎名單，頒贈給表現特優學生的獎品價格，略高於頒贈給優等者；但不加以區隔也無妨。

有人擔心頒贈獎品是屬於中小學「幼稚」的玩意兒，不適用於大學。但事實上，即使是成人，都還是會喜歡獲得獎品，大學生亦然。我個人實務運作的經驗，也證實了這一點。雖然只是便宜的筆記本或其他獎品，但是大學生還是會期望獲得。在發回評量試卷時，拿到獎卡、獎品的學生臉上都會多一絲笑容，並且向教師稱謝。有幾次發回考卷及績優獎品時，因疏失而漏給了某位學生，學生下課來向我反映，希望能夠補發，甚至有一位學生還說她很需要能得到老師的獎品來激勵她自己。此外，在「雙溪左岸」的提問表單上，也有學生表達很羨慕其他同學能夠獲得獎品，期許自己在後續的評量考試中能有好的表現，讓自己也得以獲獎。凡此種種，都顯現出大學教師頒贈獎品能夠發揮一定的獎賞與激勵效果。

有人認為頒贈獎品像是對學生實施「賄賂」。但大學教師購贈的獎品，價格不會也不需要太昂貴，筆記本一本大約就在十幾元左右。若要說這樣的獎品贈與就會構成賄賂，那麼我們的大學生也未免太容易被收買了吧！因此，我認為教師不必擔心或在意。

也有人會認為獎品屬於物質性的獎勵，可能造成學生功利或依賴，大學教師應該給予學生精神性、社會性或活動性的獎勵，但這也是多慮了。事實上，無論哪一種獎勵都有可能造成功利或依賴。而且物質性的獎勵未必與其他類型的獎勵互斥，更重要的是，物質性的獎勵經常不會只有物質意義，它乃是透過物質來承載教師對學生精神層面或社會層面上的肯定、嘉許，尤其是若當承載教師肯定、嘉許的物質，其價格不是很高時，學生更不太會從「物質價錢」多寡來衡量或解讀，而會深刻感受到其潛藏的「精神價值」。

更值得一提的是，大學教師僅以口頭、非口語或其他方式給予精神性或社會性的獎勵，雖然看似符合教育原理，但這些獎勵不易「再現」。相對的，物質性的獎勵較為「耐久」，學生保存或使用著教師頒贈的獎品，更有機會再次想起當初受獎的原因，讓教師對學生的肯定、嘉許可以保有更長久的反覆可見性。因此，適當的使用物質性獎勵還是會比完全不使用來得好。

實施代幣制度

獎勵通常以即時給予為原則，但教學實務上有時候不適合也不容易針對學生每一次較小的優良表現都即時給予獎勵，此時大學教師即可考慮實施代幣制度。

依據行為主義增強理論的見解，代幣乃是一種次級增強物，即時給予表現優良的學生，學生累積代幣，後續再兌換諸如獎品、分數、權益等原級增強物。學生為求獲得原級增強物，因此力求有良好的學習表現以獲取代幣，連帶的也就能夠激勵學習動機。

代幣應該選擇或設計成容易給予、保存、經濟、不易偽造，並且不具有收藏價值的媒介，通常採取手繪的符號、圖章、小獎卡或玩具紙鈔等。我則利用舊臺幣壹圓紙鈔圖案，製作如圖十的「課堂表現積點券」代幣，主要是考量使用非現行流通的鈔券較無爭議，而且壹圓也可以代表一個積點的意涵。在課堂上，有學生提問、發表意見、分享經驗等，我就遞給他一張，免除表單登記的程序，簡潔有效率，而學生則必須自行妥善保留。到了期末，回收並登記學生所得的積點券張數（通常會讓學生保留一張當作紀念），依據代幣數量兌換實質獎勵，通常都是換算成為學期成績。

實施代幣制度，大學教師或許會擔心學生私底下交易或贈與。雖然不無可能，不過原則上還是應該信任學生，迄今我還不曾發覺學生會有這樣的不當行為。

表揚進步

前述的獎勵主要是給予表現績優或努力的學生，大學教師亦可仿效中小學進步獎的設計，表揚學習有明顯進步者。

中小學的進步獎通常頒發給各班前後兩次段考成績進步最多的兩名學生，熊智銳先生曾撰文提出「金、銀、銅牌進步獎」之改良設計，我相當認同，因此參考運用於任教班級。

「金、銀、銅牌進步獎」的實施方式是教師先預定各級給獎標準，例如：前後兩次段考之間，成績進步三十分以上者獲得「金牌獎」，成績進步二十至二十九分者獲得「銀牌獎」，成績進步十至

圖十

十九分者則獲得「銅牌獎」（標準由教師設定，原則上應預先制定並固定，但亦可依每次評量難易度而浮動調整）。這樣的進步獎設計，沒有獎勵名額的限制，獎勵對象可以更加普及，而且學生僅需與自己以及教師界定的標準比較，因此也比較不會有同儕惡性競爭的疑慮。

教師無須擔心大學生會有為求獲得進步獎表揚，而在前一次評量考試中故意考差的不智之舉，一方面我不會預告有這項進步獎，另方面大學生應該不至於會「笨」到這種程度。此外，對於進步獎，我通常只在教學平臺上公告表揚，肯定其進步，不會給予實質的獎勵，若學生的進步達到績優水準，自然可以獲得績優獎勵。如此思考主要是避免成績仍處於較低水準、但進步許多的學生，比那些表現中等、但進步幅度不那麼大的學生，反而受領了實質獎勵，這可能會讓後者產生不公平的感受。

第六章 人際誘導

教學發生在社會脈絡中，學生與教師以及其他同儕共同聚集在某個實體或網路上的空間或平臺，透過與教材的互動，以及彼此之間的人際互動，而產生學習行為。基於此，人際互動乃是教學中重要的脈絡及影響因素。社會建構論者維果斯基（L. Vygotsky）提出的近側發展區（zone of proximal development, ZPD）、鷹架支持（scaffolding）等理論，強調處於社會脈絡下學習，相對於個人獨自進行學習，其學習動機與效果會有所不同，而且通常較為良好，頗能呼應我國古語所說的「三人行，必有我師」，以及「獨學而無友，則孤陋而寡聞」。

大學教學情境中主要的人際互動就是師生關係以及學生同儕關係，大學教師可以針對這兩項人際關係，思考激發學生學習動機的可能策略。此外，正如《論語．里仁》所說的「見賢思齊」，大學教師也可以透過楷模人物，來激勵學生的學習動機。

塑造教師魅力

優質的師生關係有助於教師教學輔導，師生關係往往關鍵性的影響學生的學習動力。其作用機制，以及如何建立良好師生關係，在第一篇已有詳盡介紹與討論，茲不贅述。

除了建立良好的師生關係之外，諸如政治人物、演藝人員、宗教領袖等被相關對象視為有魅力的人，往往都有極大的影響力。教師可以考慮塑造自己的魅力形象，以贏得學生的喜愛與認同，從而影響並激勵學生的學習動機。教師魅力形象的塑造方式包含注意外在形象整飭，或者建立專家魅力、道德魅力、親和魅力等。

外在形象整飭

外貌美麗或帥氣的教師擁有相當的先天優勢，容易受到學生的歡迎與喜愛。喜歡帥哥、美女這乃是人類的通性，不必不齒、不屑或貶抑攻訐。幾千年前，孔老夫子早就說過「吾未見好德如好色者也」，可見這樣的現象，從過去到現在長期存在，相信未來亦復如此。一些調查也顯示，學生看重的教師特質中，教師的外型容貌在排行榜中總是占據在相當前面的位置；媒體經常報導某些長相好看的男、女教師課堂，學生搶著選修，並且熱烈投入學習；一些電視綜藝節目也會找這類老師上節目。先天美麗或帥氣的教師若能善用自己的優勢，發揮正向影響力，激勵學生表現高度的學習動機，這其實是一件好事，應該樂觀看待、樂觀其成。

多數大學老師可能生來相貌平凡，頂多五官能夠各就各位，談不上有帥哥、美女般的優勢。但沒有先天美麗或帥氣條件的大學教師也還是可以在不過度誇張、不矯揉造作的原則下，適度留意自己的外貌儀容、服裝穿著、言語談吐、動作舉止等，發揮形象整飭的效果。若在學生心目中，成為一位還滿「好看」或「耐看」的教師，也有機會贏得學生的喜歡或認同，從而擁有較高的影響力，引導學生提振學習動機。

專家魅力

領導者權威來源之一常提到專家權，大學教師可以設法建立自己的專家魅力。大學教師如果在知識或特殊技能上才華洋溢，具備專家般的專業權威，對於某些事物，特別是學生重視的或有興趣的事物，具有透澈深入的研究，傑出卓越的成就，就有機會在學生心目中建立專家魅力，學生產生類似偶像崇拜的心理，教師從而能對學生產生較大的影響力，此時若要說服學生積極投入學習，提高學習動機，學生也就會言聽計從。

大學教師平時在學術研究方面的卓越表現，可以有技巧的展示給學生，否則學生通常未必能夠知悉。對我而言，比較常用以彰顯專家知識的地方多半是一些小細節，例如：對某些學者的理論或見解，在肯定之餘，也嘗試提出批判性、補充性或精緻性的修正或創見。針對皮德思「合價值性」、「合認知性」與「合自願性」此教育三大規準，我提出第四規準「合成效性」，補充對教育結果面的關注；對認知領域教育目標最高層次的「創造」，建議學生以「創見」來思考，以期與技能領域也有一項創造層次的教育目標有所區辨；針對課程結構的「潛在課程」一說，主張以「內隱課程」取代，其下再區分「暗示課程」與「潛在課程」，前者指教育人員有意安排、但以不明言的方式提供的教育內容，後者指教育人員無意安排提供、但學生卻意外學到的教育內容。諸如此類，大學教師若能對學術界廣為流傳的見解，提出讓學生覺得有道理的修正，也會讓學生感受到教師對任教學科不僅僅只是轉述者，而且也能具備專家才比較能展現出來的超越性見解，這對營造專家魅力也會有所幫助。

道德魅力

另一項領導者權威來源則是參照權，對應參照權，大學教師可以設法建立自己的道德魅力。道德魅力常常讓我們想到一些宗教領袖。我有一個經驗，我在課堂上跟學生講某些觀念勸勉學生，後來發現證嚴法師也講過類似的話語。但我在課堂上跟學生講的時候，經常都是「言者諄諄，聽者藐藐」，但是同一個概念從證嚴法師口中說出，現場信眾莫不正襟危坐，專心聆聽，點頭稱是，聽了之後還進一步收錄集結《靜思語》系列書籍，印製出版，廣為流傳。單國璽樞機主教過世之前，舉辦「生命告別之旅」的演講，我也發現一般的演講場合，總可看見部分聽講的學生甚至老師，會分心、瞌睡或者忙於其他事務。但是他蒞校當天的演講場合，卻看不到這般現象，甚至聽講者的坐姿都普遍比較端正，坐得比較挺直。

同樣一句話、同一個觀念，從我們口中說出，和從證嚴法師口中說出，聽講者表現出來的接受程度，為何有如此大的差別？同樣是聽演講，一般人的演講，和單國璽樞機主教的演講，聽講者表現出來的內外態度，為何有如此大的差別？主要原因就是我們在對方心目中並沒有像這些宗教家般的崇高道德形象，如果有，那麼影響力就會大很多。

大學教師不是宗教家，但如果能夠擁有良好的道德修養，以身作則，表現出崇高的「教師風範」或「學者風範」，讓學生景仰敬重，那麼就有機會在學生心目中建立道德魅力，學生因此而產生景仰心理，教師即可對學生產生較大的影響力，此時若要說服學生提高學習動機，積極投入學習，學生也比較會信服而遵從。

親和魅力

佛教有諸多佛像，多數法相莊嚴，令人感覺敬畏、有距離，但是有一尊佛像卻讓人感覺喜歡親近，那就是笑口常開的彌勒佛。大學教師要建立前述道德魅力，一方面比較困難，另方面獲得學生景仰尊重卻未必能讓學生敢於親近，因此可以思考營造自己的親和魅力。

大學教師營造親和魅力，基本上就是要建立正向良好的師生關係，相關做法可以參閱第一篇。另外，幽默風趣也是親和的一大利基，相關做法可以參閱本篇第三章。若能綜合起來，大學教師經常笑臉迎人、親近學生，經常閒話家常、展現風趣幽默等，自當較能受到學生歡迎，進而也可以對學生具有較高的影響力，激勵學生努力投入學習。

運用學生同儕團體動力

目前的教育頗為倡導學生合作學習，期望透過學生同儕群組的社會互動，產生社會促進效應（social facilitation effect）。對於相對重視同儕關係的大學生而言，通常也可以藉此發揮激發學習動力的效果。基於此，大學教師可以考慮將學生做適當的學習分組，安排小組合作形式的學習任務，而許多大學教師也早已有這樣的做法。

安排學生分組合作學習，在分組時通常讓學生自覓形成組合。小組成員如果是自願組成，彼此間會有較高的承諾與投入，只是比較容易變成同質小組，缺乏多元異質性。此外，佛洛依德精神分析學派指出人類行為動力來源之一乃為「性」驅力，生活經驗中經常可見「異性相吸」的現象，有些人會因為有異性在場，而有較積極的行為表現。因此，大學教師在將學生分組時，可以考慮將學生做性別混合編組，也可能因此而激發學生產生較佳的學習動機。

學生分組合作學習的運作必須注意兩件事：第一，學生合作往往變成「只分工、不合作」。例如：四位學生形成一組，共同練習撰寫一個單元四節課的教案，學生很容易分配每人負責一節，各自完成，然後拼湊起來完成整份教案。學生只知道或關注自己負責的部分，對其他同學負責的部分參與甚少、所知有限，甚至完全無知。但教師的原意通常是期望學生學會撰寫整個單元完整的一份教案，但分組合作學習卻無形中淪為只做了四分之一份教案的撰寫練習。因此，大學教師有必要提示學生應該「既分工又合作」，這是促使學生完整學習很重要的一點。

第二，學生分組合作學習雖然能發揮社會促進的效應，但經常也會出現社會怠惰或者社會閒散現象。少數學生認為其他組員會擔綱完成任務，因此自己就不須付出努力，意圖搭便車，坐享其成。這也使得其他組員怨聲載道，發出不平之鳴。為了杜絕這樣的現象，大學教師在分組合作學習之初及過程中，應該提示學習任務的重要性，以及提醒各組所有成員都要有高度參與及有所貢獻。此外也可以告知學生，在分組合作學習告一段落之後，將會實施組內同儕互評，請組員就全組組員的參與度及貢獻度等，進行分項的或整體性的評價，教師依據互評結果，調整同組組員的分數，做差異化的處理，參與度及貢獻度高的學生酌予提高成績，參與度及貢獻度低者則酌予調降。前述同儕互評可以匿名調查，若為避免組員產生爭議，也可以請學生在提繳小組作業或學習成果時，標注各成員主責的部分，或者直接請學生共議評定各成員應享的百分比，供教師評定分數時參考。安排這樣的同儕互評，通常就有機會促進每一位學生都投入學習任務，進而帶動每一位學生的學習動機。

提供楷模標竿

班杜拉（A. Bandura）的「社會學習論」，也稱為「觀察學習論」，強調人們往往可以在社會脈絡下，透過觀察他人而獲得替代性的學習。除此之外，也強調提供楷模，成為學生觀察的對象，帶動學生見賢思齊、起而效尤，藉此也間接能產生較高的學習動機。

關於楷模人物，大學教師雖然可以引用學術領域的大師或知名人物來作為學生的楷模，但是這些大師或知名人物有時候會顯得太過仰之彌高而望塵莫及，或者沒有親近的感動力，因此另外可以思考下列兩種可能的楷模標竿：

第一，大學教師本身。大學教師可以有技巧的展現或揭露自己高度積極的學習動機與實際行動事例，例如：與學生談論最近研讀的書籍、研究文獻，或者參加的進修研習活動等。讓學生感受到即使身為大學教師仍然擁有高度的學習動機，這往往有機會形成一種身教示範，進而帶動學生也努力投入學習。

第二，學長姐。若要提出與學生相對上較為接近的楷模，通常就是邀請表現優異的在學或畢業學長姐，到課堂上做經驗分享，鼓舞學弟妹們積極向學。若這些學長姐被學生認同為楷模標竿，成為學生積極努力學習的對象，即有可能帶動學習動機。我任教的師培中心，若知悉有畢業師資生考取中小學正式教職，都會聯繫他們返校，在適當的場合對學弟妹分享或傳承經驗，並鼓勵學弟妹「有為者，亦若是」，希望藉此促進在學師資生的學習動機與持續奮鬥的動力。

國家圖書館出版品預行編目(CIP)資料

大學班級經營：師生關係、常規管理與學習動機/賴光真著. -- 初版. -- 臺北市：五南圖書出版股份有限公司, 2024.08
面；　公分
ISBN 978-626-393-512-9(平裝)

1.CST: 班級經營　2.CST: 高等教育

525.6　　113009474

118A

大學班級經營
師生關係、常規管理與學習動機

作　　者 — 賴光真
企劃主編 — 黃文瓊
責任編輯 — 陳俐君、李敏華
文字校對 — 陳俐君
封面設計 — 姚孝慈
出 版 者 — 五南圖書出版股份有限公司
發 行 人 — 楊榮川
總 經 理 — 楊士清
總 編 輯 — 楊秀麗
地　　址：106臺北市大安區和平東路二段339號4樓
電　　話：(02)2705-5066　　傳　　真：(02)2706-6100
網　　址：https://www.wunan.com.tw
電子郵件：wunan@wunan.com.tw
劃撥帳號：01068953
戶　　名：五南圖書出版股份有限公司
法律顧問　林勝安律師
出版日期　2024年 8 月初版一刷
定　　價　新臺幣420元

童年的祕密
烏托邦
奇怪的戰敗
新工具
理想國
禪學隨筆
美學原理
自殺論
人的行為：經濟學專論